簡單48
買到夢想家

著　繪

高房價房地產投資策略

買對房子
富有一輩子

房貸裡的富二代

愛因斯坦說：「神經病就是重複一樣的事，卻期待不一樣的結果。」

每個月薪水下來，一部分拿去付掉房租，一部分留下來成為日常開銷，這份幾乎快要不夠花的薪水，還得因為不時蹦出來的意外頻頻耗損，最後每月平均下來頂多存下一、兩千塊，更慘的是，有時候甚至還不夠花。

在朋友之間，有人依然在為每月的生活開銷奮鬥向上；有人已經存到房子頭期款，正準備積極進場買房。

也有人從大學時代就開始加減存點錢，搶先一步買到房子，盡早止住每月最大的支出：房租，現下正全心全意朝「經濟自由」加速邁進。

對於生活，每個人都有自己的打算，對我們東方人而言，買房跟結婚有異曲同工之妙，都是人生重要大事之一。

生為現代人的我們，四周社會正在興起新的變化，不婚族急遽上升，進而衍生出不少新興的「單身經濟」，間接讓套房需求量直線往上飆升。

「有錢沒錢，買間房子好過生活」是現代許多人共同的願望，不少電視劇或小說的設定，更以「買個專屬於自己的窩」為人生重要目標。

就經濟層面而言，買房可以抗通膨，也可以止住每月很傷荷包的房租費用；就心靈層面而言，買房可以穩定心神，成為人生中一枚小小的閃亮徽章。只是關於買房的眉眉角角，我們都一清二楚了嗎？

這些眉角其實並不難理解，只需要把話說開，多花點心思留意，就能為自己買到一間超棒又超值的房子。例如：我們都知道依照樓層高低不同，會出現哪些缺點嗎？

　　根據一般狀況，一樓屋最容易遭小偷，二樓因為管線需要迴轉空間，比起其他樓層較容易發生爆管跟淹水問題，頂樓雖風景無限好，但容易漏水，冬冷夏熱……這些缺點，如果我們知道，就能成為手中有利的談價籌碼，這中間關係到的很可能是幾十萬、甚至是幾百萬的價差！

　　除此之外，我們知道以台灣環境來說，住在哪一樓最好？萬一不小心發生火警，幾樓以上根本沒有消防灑水系統，想要救火居然還得靠直升機來救？

　　這些事關身家性命的訊息，我們都清楚嗎？

　　還有上次到某某朋友家，發現隔壁鄰居外牆上出現一顆籃球大的蜂窩，這個蜂窩背後代表什麼訊息？是好事，還是正在透露建築物裡，有著什麼我們肉眼看不見的缺點？

　　這些買屋小眉角，我們將在書裡一一討論。

最後，希望拿起這本書的每一個人，都能擁有專屬於自己的舒適空間，下次看屋買房時，只消一眼，就能看出其中眉角，甚至以此為自己談到一個合理又漂亮的購屋價格。

這本書能順利和大家見面，首先感謝媽咪默默又養生滿分的支持、金城妹子可愛又能為書籍內容加分的插圖、工作能力超強的葳、擅長利用財經報表進行投資的徐老師、親切聰明的黃律師。

思緒敏捷有條理的好、全心全意關愛同學們的張老師、在生活中給予相當專業又體貼的每一個人、給予馥眉很多支持的張先生，以及出版社所有同仁們。謝謝你們！

最後的最後，如果想跟馥眉分享自己的生活、愛情、旅行或職場經驗，或者是演講邀約，請上FB「典馥眉 VS. 金城妹子的玩學CLUB」粉絲團留言，馥眉和金城妹子會很高興有機會和大家互動！

Contents 目錄

Contents 目錄

Part 1

房貸裡的富二代：

超易上手
買房作戰篇

買房談價技巧相當重要，只要會談價，價格差距不是幾十塊、幾百塊，而可能是好幾百萬！

 # 買房難，不難？

　　身邊不少朋友的夢想，就是能買個專屬於自己的小窩，把這個空間裝潢成自己最愛的模樣，天天在裡頭享受生活。以上是「身心靈浪漫派友人」渴望擁有房子的最主要原因。

　　一個月薪水入袋，繳掉房租後只剩下三分之二，剛畢業的時候更慘，月薪22K，繳掉房租10K後，只剩下12K可以過生活，別說存錢，連好好享受生活都是一大難題。

　　如果能擁有一間屬於自己的房子，終結很傷荷包的房租支出，存錢速度肯定能大幅度躍進。以上是「經濟實惠派友人」渴望擁有房子的最主要原因。

　　所謂五子登科，指的是妻子、金子、房子、車子、孩子，既然如此，能在有生之年買得一間房，宛如獲得人生中一枚閃亮徽章。以上是「熱愛蒐集人生徽章派友人」渴望擁有房子的最主要原因。

不管我們究竟為了什麼要買房？自住或體內擁有想當包租婆（公）的渴望，一旦決定要買房後，首先必須面對的第一個問題：買房難，不難？

有人說，買房不是上市場買糖果，挑選一袋喜歡的口味就結帳帶走。這些話一點也沒有錯。

不過，買房也是上市場買東西的一種行為，只是糖果變屋子，對很多人來說，「買房」是人生中買過「最貴、最大的東西」。

買房，真有那麼難嗎？如果真有那麼難，為什麼有人買賣房屋像在喝白開水一樣輕鬆自在？如果真有那麼簡單，為什麼有人一不小心就買貴？

購買房屋沒想像中那麼難，但也不簡單！

現在請先試問自己，如果要買房，對於整個買屋流成熟悉嗎？買菜都需要談價技巧，那麼買房的談價技巧，我們都知道了嗎？

買房談價不是胡亂殺價，有時候只要說對一句話，就可以讓對方自動降價數十萬，甚至上百萬，這些關鍵句我們都心裡有底了嗎？如何創造談價空間，我們也都知道了嗎？

除此之外，請再問問買房跟租房，到底哪個對自己比較有利？買房只看頭期款適當嗎？居住環境要怎麼選，才能讓自己跟家人住得開心跟安心？

要擁有一間幸福小窩，有哪幾個面向必須同時兼顧，我們完全掌握了嗎？

如果我們能輕鬆掌握以上幾個問題的答案，那麼如何買房、要不要買房、房子要怎麼買才聰明划算，對我們而言已經不是問題，接下來要做的事，只剩下挑選中意的房型，直接進場購買即可。

如果尚未徹底想過以上幾個問題，也請不用著急，當我們一起看完這本書後，許多符合我們想要的答案，將會自動浮出心頭。現在就讓我們先一起進入「超易上手買房作戰篇」，輕鬆練就一身聰明買房的好本領吧！

包租婆懶人包

買房也是上市場買東西的一種行為，只是糖果變屋子，對很多人來說，「買房」是人生中買過「最貴、最大的東西」。

買屋所有流程
一次輕鬆掌握

很多人都覺得「買房子」這件事，聽起來似乎是一件浩大的工程。買房聽起來很巨大，但其實也沒那麼巨大。

別忘了，身邊總是常常能聽見買房、賣房的訊息，這並不是一件需要很多錢之後，才能思考或者去做的事。

許多人認為買房是件人生大事，它的確也是，但「大事」不等於「困難」，只要我們了解自己的需求是什麼，買房其實也可以是一件很簡單的事。

Iris是個普通上班族，在她人生28歲之前，從未思考過要不要買房子這件事，對她來說，買房子一直是件很遙遠的事。但老天爺顯然有其它的想法。

在Iris28歲那年，因為家族因素，必須盡快搬離原本居住的處所，當時的情況糟到還必須到警察局報案處理。

盡快搬離原本居住地，是Iris28歲那年最重要也最浩大的人生課題。接下來，問題來了。搬家是勢在必行的應對措施，問題是她要搬去哪裡？另外，搬離原本的住所後，生活開銷勢必多出一大筆。

　　Iris面臨到的問題，表面上看起來是「搬出去」，其實是「搬去哪裡」。

　　「搬去哪裡」首先帶來兩個問題。第一個是住屋地點要自己喜歡，第二個是要自己能夠負擔的起。

　　第一個問題牽涉到個人喜好問題，第二個問題比較現實，是Iris身邊的錢應該如何運用，才能讓她負擔的起。

　　經過仔細評估後，Iris發現自己買房居住比租屋更有利，於是，她決定在最短時間之內買到房子。當Iris做出這個決定時，對買房這件事一無所知。

　　唯一值得慶幸的是，Iris小有存款，雖然金額不足百萬，但要在非大台北都會地區買一間套房，其實是綽綽有餘的。

　　Iris手中抱著幾十萬現金和對買房這件事完全無知的狀態下，開始積極看房，買房這件事在她人生28歲那年，進行得如火如荼。整件事從零到搬入新屋，過程大約經歷八個

月，最耗費時間的部分不是買屋過程，而是看屋、決定買屋，以及用時間換取對自己更有利的房屋價格。

從簽約買房後到正式入住，中間必須經歷許多交屋程序以及過戶問題，但這些問題房屋仲介與代書都會為她一一辦妥。

Iris只需在開始找到自己能夠信賴的房仲公司，選定想要的房子，經算一下是否能負擔得起這間房的「頭期款」與「每月貸款」，其它過戶等等相關法律程序與費用，代書跟房仲業務都會一一詳細告知。

Iris現在住在自己專屬的小天地裡，每天開開心心過著生活，她驚奇地發現到一件事——自己從未想過的買房大事，真正行動起來的整個過程，其實並沒有如想像中複雜或困難。

許多人一生中最大的買賣：買房。統整起來，會發現大約能分成以下八大步驟！

詳細內容請見下篇《輕鬆買房八大步驟實戰篇》

輕鬆買房
八大步驟實戰篇

Iris統整出超實用《輕鬆買房八大步驟實戰篇》，和大家分享如下。

步驟1：先選好自己想要的「地區區塊」、「價格區間」。

步驟2：「上網搜尋」自己想要的物件，或者直接「打電話給仲介」說明自己想要的物件。

了解房屋行情可用網路，如：政府的實價登錄、附近成交價格。了解房屋出售可用網路，如：各家仲介網站、591、yahoo拍賣網、集集集。

屋主賣房時，心裡很可能已經有個底價，我們買房時，心裡也要有一個底價，房仲真正要做的是，就是不斷縮短兩邊的價差，最後完成這筆交易。

　　至於我們心中的底價如何來？要砍多少價錢才合理？建議可以從實價登錄、附近成交價格跟銀行估價，來抓出一個價錢，千萬不要房仲開口多少，就以為那是確定的數字，通常廣告單跟房仲說的價錢，都是還可以砍的價錢。

　　如果自己已經研究好市場價格，當房仲大喊「拜託，這附近現在成交價格沒這麼低」時，我們其實心裡早就有底，知道價格就是如此。

　　這時候只要堅守防線，並釋出我們是真心想買房的意願，聰明的房仲們就會知道，眼前這組客人是做過功課來的，亂開價只會無法獲得信任。

　　步驟3：一一審視屋內狀況，確認是否是自己真心想要的房子，如果心裡無底，不知道該怎麼看屋，才算看出門道？建議可以帶上後面會提到的文章《掌握五大面向，許自己一個幸福小窩》中的表格，逐一審視，就能輕鬆抓出個大概輪廓。

　　買房、看房時，通常不會一次出去，只看一間屋子，為了怕事後跟家人或朋友討論時產生混淆，建議可以帶「相機」拍照，只要照片跟房屋基本資料對得上，就可以在事後，仔細分析出每一間房子的利跟弊，繼而做出判斷與決策，決定「要買」還是「放棄」。

步驟4：和身邊親朋好友們一一討論過，確認「這就是我們要的房子」後，接下來就是「談價錢」。

步驟5：買屋過程中，如何談價錢，絕對是最重要、最令人心驚膽顫的一環，詳情可以參考本書《買房高手談價4大守則》、《創造談價空間必勝4祕招》，讓龐大的房屋總價，能夠不斷往下修正，直到房屋總價越來越接近我們心中真正的底價。

步驟6：跟屋主談價錢時，有時候會跟銀行談貸款同步進行。這間房子可以貸款7成，還是8成？常常會影響頭期款較少的人，是否可以買房的關鍵之一。

步驟7：簽約後，接下來繁複的步驟，請不用擔心，因為房仲跟代書會幫忙處理得好好的，重點是──一定要找風評好的仲介。

步驟8：正式交屋後，到底要不要裝潢？
這部分見仁見智，必須考慮到的兩件事。第一是「價格」，第二是「享受程度」。

這部分將在下篇《買房子跟籌備婚禮有點像？！》中，獨立出來和大家一起分享討論。

 # 買房子跟籌備婚禮有點像？！

剛買到手的房子到底需不需要裝潢？如果要，要裝潢到什麼程度才夠？如果不要，我們是否能滿足於現況的居住品質？

剛買了房子，已經付出一大筆金錢，例如：房屋頭期款、代書費、仲介費，再加上傢俱、家電、搬家費用……等等開銷，是否還有錢可以運用？

如果答案是「有」，接下來還有另外一個問題。這筆錢可以運用到什麼程度？

以室內設計師的設計費來說，一坪從5,000～50,000元都有，在價格與舒適之間，盡量取個對自己最好的適當值。

畢竟已經花錢請人設計，房子又是必須跟它朝夕相處的人生夥伴，該花的一定要花，才能擁有一定的生活品質。也

許有人覺得設計費好貴，其實只要換算成每日使用價格，就
會發現其實一點也不貴。

　　舉個例子：一坪5,000元，房間共15坪，設計費約莫需
要7萬5千元，如果只住十年，一年大概需要7千5百元，一
個月625元，換算成一天後，居然不到21塊！如果住個二十
年，一天居然不到11塊錢！

　　我們都喜歡飯店套房的舒適感，想想飯店一天幾千塊的
價格，再看看這個數字，就會發現其實不貴。再加上，如果
將來想要脫手，有裝潢過的屋子，絕對比什麼事都沒做的房
子，來得更好賣。

　　只要保養得當，有裝潢的屋子，價格一定還可以再提
高，這時就賺到了享受跟比較高的賣價，感覺相當幸福喔！

　　買房子跟籌備婚禮有點像，總是有做不完的功課、做不
完的事情，有人會覺得很煩，也有人把它當成一門人生的必
修學分，慢慢磨，慢慢了解，慢慢成為這方面的高手。

　　我們可以胡亂出手買屋，只要覺得價格跟屋況合理就可
以；也可以從決定買屋第一分鐘起，開始不斷抱怨；當然也
可以享受每一個環節，把每一個步驟都成一個小小的關卡來
挑戰！

雖然有時候會卡關，有時候會被關主弄得啼笑皆非，但這些都是非常珍貴的人生養份，經過買屋的磨練，會讓我們變得更加堅強、更加強悍、磨練出更好的耐性，也能學會更多溝通技巧。

　　從零到擁有人生中的第一間寶貝屋，那種「成就感」跟「幸福感」絕對是我們人生中的一大記事！買屋過程最棒的內心狀態，就是挑戰它、克服它，最後好好窩在甜美的窩裡頭，好好享受它！

包租婆懶人包

1. 在裝潢價格與生活舒適之間，盡量取個對自己最好的適當值。
2. 也許有人覺得設計費好貴，其實只要換算成每日使用價格，就會發現其實一點也不貴。
3. 我們好好可以享受買房過程中的每一個環節，把每一個步驟都成一個小小的關卡來挑戰。
4. 買屋過程最棒的內心狀態，就是挑戰它、克服它，最後好好窩在甜美的窩裡頭，好好享受它！

買房高手
談價4大守則

買屋談價4秘密招數大公開：

祕招1：用「實際室內使用坪數」，來評估最初開價是
否合理？

朋友莎曼曾遇過最誇張的一個物件，廣告單上寫著：屋
主急賣！56坪電梯華廈，總價只要3,000萬！莎曼拿出計算
機敲了一下，以該區價格來說，一坪不到54萬，算是相當
划算的價格，於是立刻約房仲看屋。

當她雙腳踏進屋裡時，一顆心馬上涼透，同時請房仲把
這56坪到底是怎麼算出來的，在她面前算過一遍。

算到最後，連房仲自己也不好意思笑笑，搔搔頭說：
「其實我也不知道怎麼算出來的，不管怎麼加，總坪數都不
可能是56坪啊？」

後來調出房屋基本資料，上頭寫著室內坪數共20坪、公設坪數共20坪、車位坪數共13坪。

以單子上來看，車位跟公設總共33坪，遠遠大於室內的20坪，一台車所佔的坪數，居然比真正實內坪數20坪的一半還多！

換句話說，一台車，佔據13坪，她跟朋友兩個人平均室內空間20坪，一人只能分配使用到的坪數只有10坪，比一輛車還少3坪？

認清這點，讓莎曼不禁感嘆，人不如車，還有真不知自己是買房，還是買公設？

最誇張的是，建商先把坪數灌水一次，為了吸引人來看房，房仲又灌水第二次，就房屋基本資料來看，全部加總起來共53坪，廣告單上寫的另外3坪，又是從哪來的呢？

加入高貴的13坪車位，3,000萬除以車位跟真正人類使用的實內20坪，共33坪，平均一坪要價快要91萬，跟前面的一坪54萬相互對照，莎曼最後直接放棄該屋，也不再與該仲介有互動。

祕招2：坪數越大，總價越高，有能力購買的人少，競爭少，單價越低。

坪數越小，總價越低，有能力購買的人多，競爭多，單價越高。差價技巧就在，拿大坪數的單價，去跟小坪數的單價相比，來談到一坪單價比較低的價格。

例如：同一個社區，60坪房子一坪40萬，40坪房子一坪要45萬，這時候就可以用一坪40萬的價格，請仲介幫忙談價錢。

別小看一坪單價，一坪差5萬，40坪房子就會相差到200萬多！這可是必須存好幾年，才有的錢，一定要好好珍惜，如果因為不知道或一時粗心白白花掉，那就太可惜了。

祕招3：先砍「單價」，再砍「總價」。
一坪單價乘以總坪數後，可以得出一個總價。例如：總價487萬、總價2,022萬這些數字。這時候可以把數字砍成漂亮的整數。例如：總價450萬、總價2,000萬。

通常總價450萬很難再往下砍，畢竟原本數字就不大，不過也可以狠一點，用400萬先去談談看。然而，總價2,000萬的房子，可就又另當別論。

總價2,022萬，整數2,000萬，想要拼拼看，可以先用1,800萬談談看，有談有希望，畢竟這可是辛辛苦苦賺來的買房錢，小心謹慎運用，才是聰明人的幸福經濟學。

有的朋友在談價錢時，會覺得不好意思，但有時候只要想想，200多萬跟臉皮厚度相比，就會發現臉皮厚度真的不算什麼大事情，200多萬可是必須辛苦工作，才能換來的辛苦錢喔。

祕招4：電梯，決定樓層價值。

有電梯，樓層越高越值錢；沒電梯，樓層越高越不值錢。如果還算身強力壯，平常也很熱愛爬樓梯當運動的人，又剛好選到沒有電梯公寓的高樓層時，先萬別忘記運用這一點，好好砍點價錢。

一般來說，只要三樓以上，爬樓梯就會讓人感到吃力，所以購買沒有電梯公寓三樓以上的樓層，是殺價的好理由。

不過，家中如果有老年人、行動不方便的人，買超過三樓以上的樓層，對他們來說，可是一種負擔，要多加考慮喔。

包租婆懶人包

坪數越大，總價越高，有能力購買的人少，競爭少，單價越低。坪數越小，總價越低，有能力購買的人多，競爭多，單價越高。

創造談價空間
必勝3準則

準則1：詳看屋內狀況，是拉出談價空間的好工具。

不過，重點是我們自己是否做足功課，能否看屋看出一點利害關係來，進而幫助我們順利殺價。

建議可以對照後面文章《掌握五大面向，許自己一個幸福小窩》中的表格，逐一審視，就能抓出房子缺點，然後進行談價。

現有房屋狀況，入住前需要大整修、還是小裝潢？就會決定殺價空間，可以把需要「基本整理房子」的價格，拿去扣掉房屋總價。

例如：房子有漏水情況，水孔也不通，可以請水電來估價，把這些問題處理好大約要花多少錢，然後從房屋總價裡頭扣除，畢竟這些都是買了房子之後要付出的費用。

這時候有的屋主會想自己找人處理，不過，畢竟屋主不是往後要住在這裡的人，除非找到雙方都認同的水電工，有一定的品質保證，否則建議最好不要讓屋主自行處理。

準則2：柔性訴求。

「我很喜歡這間房子，可是手邊存款不多，希望屋主願意再降一點，我就可以完成自己的買屋夢想。」「這是我要住一輩子的房子，可是現在薪水普遍都很低，這樣的價格對我來說確實有點吃力，我是真心想要買這間房子，能不能請屋主幫個忙，給個比較好的價錢？不然就算現在買了，之後也會被房貸壓得喘不過氣⋯⋯」

擁有一間屬於自己的房子，是許多人一輩子的夢想，只要真誠說出自己的難處，相信仲介跟屋主都能給予理解。

準則3：態度堅決，但不強硬。

如果自己心中已有一定的買房價格，建議可以跟仲介溝通。

「只要能幫我談到600萬，我就直接買。」或者是。「我很清楚那個地段的價格，有不少朋友都在那裡購屋，600萬絕對是行情價，我沒有要亂砍價，但也不做冤大頭，如果你有自信幫我談到，那我就把事情交給你，如果不行，其實也沒關係，也許以後還是有合作機會。」

　　一方面讓對方知道我們不是無的放矢，另一方面表現出的確想出手購買的誠意，如果價格確實在情理之內，仲介一定會盡力幫忙去跟屋主交涉。

　　小小建議：如果真心想買，600萬一說出口後，千萬不要再輕易更動！

　　但這時候我們心裡真正的價格，很可能不是600萬，而是650萬，必須預留一些「讓步價」。

　　所謂買賣雙方的「讓步價」，也就是屋主慢慢往下調，為了表示誠意，我們也必須慢慢往上漲的價格，一次調漲幅度約莫5萬以下，不要一下子往上加得太多，調漲幅度過大，會讓人覺得還很有加價空間。

　　交涉房屋價格時，千萬記得三字要訣：「心頭定」。只要我們心頭抓得穩，就絕對不會吃大虧，而心頭定，則取決於我們「事前評估工作」是否做足了。

　　好房價貴，寧願暫時放棄；壞房價低，又何必？畢竟這很可能是自己要住一輩子的房子。只要心裡有底，在一來一往的談價時，心頭就不至於太過糾結。

觀察到這些現象，代表能再砍價

買房談價技巧相當重要，只要會談價，價格差距不是幾十塊、幾百塊，而可能是好幾百萬！

在馥眉《20幾歲,一定要存到100萬》書中，談到「學會如何花錢」、「如何善用身邊資源與資訊」可以幫助自己省下不必要的開銷。其中有篇文章提到《花錢能力展現，買房少花幾百萬！》，將在下文中和大家分享。

所謂的買房訊息，不僅僅只是目前房價多少，更應該包括是否仍有降價空間？

這些訊息有時候不會出現在新聞裡，反而會出現在許多細節中，只需要留心觀察，就能知道其中眉角。

「還有降價空間」徵兆：同一間房子，在不同仲介手上，標出的價格都不一樣。

「不同仲介」代表意義——屋主急著賣，所以一次找了多間房仲幫忙。

「價格不同」代表意義——價錢商量空間大，先查出最低是哪個數字，以此為基準，往下砍價。

為什麼有些房仲很難把價錢降下來？別忘了，當交易成功時，房仲抽得是成交價格的％數，有的房仲抽賣家4％，買家1％～2％，為了自己荷包，他當然會希望賣價高點。

曾經遇過賣家給房仲設下「區間％數」，賣上千萬，給足4％，900萬給3％，以此類推。建議買家可以精算一個對自己有利的數字，比照辦理，別傻傻以為買家給2％仲介費是固定不變，以目前市場行情，買家大約給仲介1％即可。

不過，如果仲介幫忙談到我們希望的價格，也別亂砍仲介費，畢竟房價動輒可能相差上百萬，而仲介費跟房價一比，就有點小巫見大巫。總之，要記得一個大原則：先省大錢，如果不行，就砍小錢。

降價空間除了由房仲跟屋主自行洩漏之外，我們也可以自創降價空間，雖然總價提高了，但每人每戶購得的房價卻往下降。自創降價空間方法：和朋友們相約一起買房去！

根據社會現況，老同學們成家、立業的時間點通常會差不多，或者努力工作存房屋頭期款的朋友，因為大家出社會

時間點差不多，存錢數也可能比較相近，在大家一窩蜂結婚時，也有不少老同學們正一窩蜂要買房子。

建議這時候大家可以集結起來，找一個比較厲害的仲介，幫大家尋找適合的房子，在替房仲「提高總成交量的金額」之餘，別忘了請房仲好好「為自己的房子談個好價錢」。

例如：自己一人單槍匹馬看房子，總價可能只有500萬，但如果一群姊妹淘人人都要買房，四個人的500萬，加起來就有2,000萬之多，如果再釋放出「我們會一起跟你買，否則就一個都不跟你買」，這時候仲介就會把這個案子看成2,000萬，而非500萬。

如此一來，仲介會比較願意幫買方跟屋主談價，因為仲介心裡會希望可以一次做成四筆交易，賺足四人佣金。

「還有降價空間」徵兆：同一間房子，在不同仲介手上，標出的價格都不一樣。

砍價的訊號

發現這樣的資訊時，代表房子有砍價的空間，準備開始殺價吧！

哇，這間房子在好多房仲網頁、公司上都有賣，而且價格還都不一樣呢！

除了砍價，我們也可以揪團、自創降價空間！

走，揪團買房去！

花錢能力展現，買房少花幾百萬！

想要有錢，首先第一步得先擁有「賺錢能力」，不過，真正決定我們能存下多少錢、能不能逐步累積資產的關鍵，通常跟收入多寡低相關，反而決定於「花錢能力」。

最近在新竹工作的朋友，正準備要結婚買房，其中兩對夫妻相中同一社區裡類似的房型，約五十坪，開價一千五百多萬。

A夫妻看到資料時，在心裡快速加減乘除了一下，平均一坪三十萬左右，還算在能接受的範圍裡，等仲介帶他們走進房子，大致轉了一下，總覺得這空間應該沒有五十坪，一問之下，才知道停車位佔了十五坪，公設佔了十幾坪左右，實內只有二十幾坪。

見A夫妻開始面面相覷，仲介趕緊跳出來說：「現在公設比都這麼高，不是只有這裡比較多，這房子先前有人開價

一千萬，屋主都不賣，磨了好一陣子，最後還是沒成交，經過那次事件，現在屋主應該比較好談價。」

於是，A夫妻開價一千三百萬，開價時，心裡還想著直接砍掉兩百萬，會不會太狠了一點？結果，A夫妻隔天就收到屋主同意的合約，一間五十坪、一千三百萬成交的房子，就此拍板定案，買下了。

A夫妻把這件事告訴B夫妻，得意洋洋他們夫妻倆現砍了二百萬左右，心中覺得相當划算，甚至覺得自己撿了個大便宜。

B夫妻彼此看了一下，總覺得A夫妻下手太快，又是生平第一次買房，過程似乎有點過於草率。

B夫妻在下定決心結婚買房時，便買了許多買房的書籍回家研究，前後大約買了二十本，花了幾千塊錢，後來他們也到相同社區，看了房，一間約五十坪的房子，開價一千六百多萬。

B夫妻在看房過程中，隱隱表示最近有朋友（其實就是A夫妻）買了房，成交價是一千三百萬，現在平白無故多了三百萬，實在很誇張，如果屋主態度很硬，他們就不要浪費時間看房了。

說到末了，還特地問了一下，這附近還有沒有其他類似的房型？仲介一聽，連忙說這只是開價，價錢可以商量。

　　經過兩夫妻細算下來，實內二十多坪的房子，加上一個車位，還有一年說不定用不到一次的公共設施，居然開價一千六百多萬？

　　如果拿一千六百萬除以五十坪，一坪約三十幾萬，如果拿一千六百萬，先扣掉停車位一百萬，一千五百萬除以三十五坪，一坪也要四十幾萬，價錢實在有些過高。

　　況且，一個停車位需要十五坪？在計算中，一個停車位以價值一百萬來計算，不管怎麼算，B夫妻都覺得價錢過高，似乎不太合算。

　　接下來，B夫妻請仲介把十幾坪的公設比，到底包含哪些地方一一羅列出來，發現許多沒有遮蓋的地方，也被列入公設比當中。

　　按照法規，計算進入坪數裡的公設坪數，必須有遮蓋的地方才算，例如：大廳。仲介知道這對夫妻是真心想買房，而且是做足了功課才來的，心裡有底後，不敢再隨口胡說。

　　B夫妻跟房仲在房子裡談了兩、三小時，表現出真心想買的意願，又從仲介口中得知這間房，雖是剛蓋好不久的兩

年屋，但其實還沒有人住過，B夫妻一聽，心裡立刻有底，這間房先前大約是投資客買了，避開了奢侈稅，兩年後就急著脫手。

B夫妻心裡同時敲起算盤，A夫妻以一千三百萬的價格，暢行無阻買下房子，他們這間一出口就是一千六百多萬，很可能屋主在總價說高了一點，仲介這裡又再往上提高，但實際成交價格，一定可以再往下談。摸出這些「隱藏訊息」後，B夫妻迅速擬定好買房作戰計劃。

未完，請見下篇文章《買房每一條小花費，其實都是大花費》。

包租婆懶人包

1.B夫妻請仲介把十幾坪的公設比，到底包含哪些地方一一羅列出來，發現許多沒有遮蓋的地方，也被列入公設比當中。按照法規，計算進入坪數裡的公設坪數，必須有遮蓋的地方才算，例如：大廳。

2.仲介知道這對夫妻是真心想買房，且是做足功課才來的，心裡有底後，不敢再隨口胡說。

 # 買房每條小花費，
都是大花費

承上篇文章，B夫妻倆擬定好買房作戰計劃後，先上實價登錄網站查到一坪的價格，乘以三十五坪，而非五十坪，停車位誇張的十五坪另計，最後B夫妻又跟仲介花了一點時間，簽下一個八百萬的價格，請仲介幫忙去談。

仲介起初露出面有難色，B夫妻不為所動，坦白告訴對方，如果這個價錢可以，他們可以直接簽約、購買，頭期款也絕對沒有問題，完全不用擔心銀行那邊貸款成數的問題會讓這次交易失敗。換句話說，只要屋主同意，這次價格八百萬的交易，可以很快成交。

仲介幫忙從中牽線，最後屋主開出九百萬的價錢，B夫妻隱約察覺出，這應該才是屋主的最後底線，但跟當初開出的八百萬，相差一百萬，向仲介要求要減少佣金，仲介聽了，直接從原本的2％，下降成1％，等於原本要付出十八萬的仲介費，後來只需付出九萬塊。

請記得一件事，在買房過程中，每一筆費用，都有談的空間，不管是房仲的仲介費，還是銀行的貸款利率，每一個條件都能談，尤其當我們自備款足夠時，更可以為自己爭取到不少權利。

最後單看「買房總價」與「仲介費用」的全部花費：

A夫妻買房價錢1300萬元＋仲介費26萬元，買房過程共花了1,326萬元。B夫妻買房價錢900萬元＋仲介費9萬元，買房過程共花了909萬元。

A夫妻與B夫妻買了相同社區的房子，類似的房型，相同的公設比，也都買房加車位，中間價差卻足足差了417萬，這已經是一間規格不錯的單身套房價格！

在動不動就上千萬的房價裡，也許一百萬或者十萬塊錢，會突然看起來變得很小，但光是仲介費，A夫妻26萬元，B夫妻9萬元，中間足足差了17萬！17萬，一般家庭要存多久，才能有這個數？

而且仲介費跟房價是息息相關的，房價越高，仲介費抽成越多，這些都是買屋的最主要花費。A夫妻與B夫妻平平都是買房，為什麼會買出這麼大的差距來？關鍵點就在於他們的「花錢能力」是不一樣的！

我們都知道房屋仲介很辛苦，但也不能糊里糊塗就把爆肝加班的薪水，矇著眼睛支付出去，畢竟那也是我們辛苦賺來的錢，不可不慎。

　　在這個例子裡，A夫妻與B夫妻買房後，兩組人馬中間價差看似差了417萬，但別忘了他們都是貸款買房的人，再加上貸款的利息，A夫妻與B夫妻每年要支付的利息錢，很可能相差十萬塊左右，日子一長，這兩對夫妻的負擔與壓力，很可能會越來越明顯。

　　剛開始買房，A夫妻便多付了417萬，往後「每年」還要比B夫妻多付出十萬塊左右的利息錢，如果拉長時間來看，房貸設定為20年左右，可能要支付多出200萬左右的利息錢，再加上原本的417萬，同樣買一間房，A夫妻卻足足多出沉重的600萬負擔，這可不是一筆小數目！

　　買房應該是目前一般家庭消費中，最高額、影響力最深遠的消費，如果只是買輛車，只要上百萬，就是百萬名車，就算不錯的轎跑車，一輛大約一百六十萬左右就能搞定，但買房可是動輒就上千萬的數字，請一定要謹慎，否則房貸壓力，可是會讓人十幾、二十年都喘不過氣來。

　　買房時，是否有「花錢能力」，能夠非常一目了然看出其中的利害關係，因為花錢能力不同，居然可以差到高達600萬的高價！

除了買房以外，我們生活中還有太多地方需要「花錢能力」，來幫我們好好精打細算，只是我們都注意到了嗎？

該花的錢，該有的生活品質，我們一定要花，但要怎麼花，才能花出一塊錢的價值，甚至是一塊錢當三塊錢用，我們是否都掌握其中要領了嗎？

欲知更多「花錢能力」詳情，請見典馥眉《20幾歲，一定要存到100萬》一書，在這裡我們將繼續分享有關房子的訊息。

包租婆懶人包

1.買房過程中，不管是房仲的仲介費，還是銀行的貸款利率，每一筆費用都有談的空間。

2.在上述例子裡，A、B夫妻買房後，兩組人馬看似價差差了417萬，但別忘了他們都是貸款買房的人，再加上日後日積月累的貸款利息，兩對夫妻要支付的利息錢，將會相差更多！

 # 連睡覺都在賺！！

　　Jessica父親是銀行主管，Jessica剛開始出社會工作的頭幾年，選擇與父母同住，這麼做的好處很容易理解，因為能省下每月的租屋費用。

　　在這段期間，每個月薪水入帳時，Jessica會乖乖把薪水將近3成左右的金額，轉入固定的存款戶頭。Jessica把這個「固定的存款戶頭」稱之為──「專屬小窩基金」。

　　「專屬小窩基金」這個名稱聽起來也許沒有很響亮，甚至有點……太過一般般，但Jessica兩年後將會驚愕發現到、一項令她此時此刻想都不敢去想的事，將活生生血淋淋、宛如上天「實質的」恩賜，真實發生在她的人生，在不知不覺中實現了「初次體驗連睡覺都在賺」的人生大驚喜。

　　這個上天給予「再實質不過」的恩賜，最初的起點，就在這裡，在Jessica每個月乖乖的轉帳動作裡！

這時候的Jessica什麼都不知道，但她此時的「未知」跟「未來」能否收下這份大禮，其實一點關係都沒有。儘管Jessica對未來一無所知，但兩年後，她依然在一買一賣之間，輕輕鬆鬆把足足210萬穩穩放入自己的口袋裡。

花光7成薪水的生活

工作幾年後，一直渴望能夠擁有專屬於自己小窩的Jessica，以約120萬頭期款，買下一間總價快600萬的房子。在決定是否購買該屋子之前，Jessica內心充滿了層層疊疊的猶豫跟毫無極限的矛盾心情。

在猶豫跟矛盾織成的困繭裡，Jessica很清楚認知到一件事：和父母同住時，自己賺得薪水都是自己的，一旦下定決心要買房，往後每月薪水將有近6成不是自己的，而是銀行的。

Jessica光是想到以後每月十號發薪水當天，立刻有6成薪水不是滾到自己口袋裡，而是被貸款銀行直接扣掉，那種心情……實在令人輕鬆愉快不起來，更叫人頭皮發麻的是——很遺憾「扣款6成薪水」這件事，並不是屬於「一次性陣痛」，而是每、個、月都會來一次的「長期性陣痛」！

想到這些事，Jessica心裡頭的糾結像滾雪球一樣，越滾越大，越滾越恐懼，越滾越忍不住想問問自己——為什麼要

給自己的人生出這麼大的難題？好好待在家裡孝敬父母才是普世王道，不是嗎？

於是，Jessica開始回想和父母同住時所有的美好時光，企圖用「感性記憶」來左右「理性判斷」。

與父母同住的輕鬆寫意歲月裡，Jessica很喜歡上網閒逛，買些最新出爐的潮流電子產品，當作全家人的生活娛樂，可是這類產品往往玩了幾個月後，便會被媽媽無情的「維護家中整齊清潔之手」束之高閣，存封進家中每年都要總清理一次的小小儲藏室。

Jessica對媽媽那雙「維護家中整齊清潔之手」完全沒有異議，反而湧起一股「其實這樣做比較好」的感恩心情，因為只有當東西消失時，她才會買得更加心安理得、更加輕鬆零負擔。

等到市面上再次推出新鮮好玩的產品，而我們都知道市面上永遠總是會有剛出爐的熱騰騰新鮮玩意兒，供我們購買取樂。在高掛「新的一來，舊的就要收起來」的金字招牌下，以及不知不覺的購買行為中，積極購買最新電子產品的Jessica，每月花在這類產品上的金額，其實高得嚇人。

這時的Jessica還沒意識到這項支出有多驚人，她依然每天上班下班，依然陷在那顆繭裡努力思考著。

　　在幾經猶豫再加上連續一個月的失眠後，Jessica吞下誠惶誠恐的心情，抱著宛如壯士斷腕般的決心，大刀闊斧、牙根一咬勇敢買下總價快要逼近600萬的房子，把自己的人生硬生生推入開始背房貸的日子。

　　原本Jessica以為自己的日子會開始過得捉襟見肘，後來不過幾個月的時間，她就明顯發現，先前的擔心有多麼多餘！

　　未完，請見下篇文章《錢，要花在對自己最有利的東西》。

包租婆懶人包

1. 剛開始出社會工作的頭幾年，選擇與父母同住，能省下每月的租屋費用，並且把這筆錢存入「固定的存款戶頭」，稱之為——「專屬小窩基金」。

2. 在一買一賣之間，Jessica輕輕鬆鬆把足足210萬穩穩放入自己的口袋裡。

# 錢，要花在對自己最有利的東西

既然都要花錢，就花在對自己最有利的東西上！

背上重重房貸的Jessica，發現自己和從前一樣和朋友聚餐、唱歌、偶爾給自己買幾件漂亮的衣服，生活用度幾乎與從前毫無差別。

問題是，當Jessica泡在「無差別生活型態」裡頭過日子時，忍不住狐疑起來，開始掰手指頭細數所有原因，因為唯有找出關鍵原因、繼續保持，她才能長時間享有美妙的高品質生活。

於是Jessica企圖用理性要找出真正原因，不過，她很快遇到「怎麼想也想不透的痛苦」裡，因為在這段日子以來，老闆沒有給她加薪、自己也沒有中樂透、更沒有送錢仙子每月固定送筆錢來供她額外花用。

以上這些天上掉禮物的事，一件也沒發生在她宣告獨立的生命裡，更詭異的是，以下這些事也沒有發生，例如：買房前幻想生活中恐怖的捉襟見肘──遲遲沒有到來；那顆莫名惶誠恐的心──後來不知道跑去哪裡？

不管是「以上」還是「以下」那些事，好的跟壞的都沒有發生，可是日子就這麼一日、一日開開心心過了下來。

Jessica知道自己生活裡一定有哪個部分不一樣了，任憑她想破腦袋，還是找不出事情的癥結點究竟在哪？生活一切如舊，唯一的不同是Jessica名下資產多了一間屋子。

時間，就在每天上下班的歲月裡，快速匆匆消逝掉。兩年後，即將到上海工作的Jessica回頭審視自己這兩年的生活，發現了一個不得了的大事情！

答案一直在那，等時機成熟了我們就會知道

在購買房子之前，Jessica會固定存下每月3成左右的薪水，這部分一直在她計劃之中，真正令她吃驚的是不在計劃裡那部分，居然也吃掉她每月3成左右的薪水。

那筆開銷正是全家人可有可無的娛樂玩具：最新出爐的超閃亮、但其實很快就會被媽媽收進小小儲藏室裡的電子產品。

一肩扛起房貸的Jessica，表面上看起來必須付出6成薪水來擁有現在的房子，聽起來好像負擔變得很重，但其實她並不需要挖東牆補西牆。

東牆：生活中的食衣住行。
西牆：房貸。
意旨：犧牲生活品質來支付房貸費用。

Jessica發現「必須付出6成薪水來擁有現在房子」這件事中的6成薪水，一半來自她本來就「不會花掉」的3成薪水存款，以及現在「不想花掉」3成用來隨性購買最新電子產品的薪水。

不曉得大家是否看出端倪了？

Jessica花錢購買「每天下班後、能擁有專屬於自己的窩」這件事，唯一被犧牲掉的不是「生活品質」，而是停止購買「被媽媽堆到小小儲藏室裡的電子產品」，後面這件事所帶給她的影響，不是捉襟見肘的生活窘境，而是止住自己亂亂花錢的習慣。

在無意識狀態下，Jessica把「想要購買」的欲望，輕易轉化為滿足「需要購買」的欲望。對Jessica來說，與其花錢買幾個月就被媽媽堆到小小儲藏室裡的電子產品，倒不如給自己買個舒心的住所。

　　因為那些堆到小小儲藏室裡的東西，最後的下場是被媽媽在過年大掃除時，以「很麻煩還要拿去丟掉」的垃圾型態處理，而Jessica的屋子在不需要它的時候，卻能以「可以拿去賣個好價錢」的資產型態處理。

　　擁有自己的寶貝屋兩年後，Jessica因工作關係必須到上海去，在決定賣掉屋子的那一刻，只是個平凡小小上班族的她，還不知道即將賺進自己想都沒想過的巨額收入。

　　只是這項收入不是「薪水收入」，而是「資產收入」。未完，請見下篇文章《有些東西，真的不要隨便賣！》

包租婆懶人包

1.Jessica發現「必須付出6成薪水來擁有現在房子」這件事中的6成薪水，一半來自她本來就「不會花掉」的3成薪水存款，以及現在「不想花掉」3成薪水用來隨性購買最新電子產品。

2.把「想要購買」的欲望，輕易轉化為滿足「需要購買」的欲望！

# 有些東西，
真的不要隨便賣！

承上篇文章，因為要到上海工作，Jessica才決定把房子賣掉，手中拿著一筆現金，希望能到上海那邊買房居住，而不是付人民幣房子租金。

基於以上原因，Jessica出發到上海工作前，決定把在裡頭開開心心居住了兩年的房子賣掉。

從買房到去上海這兩年期間，Jessica為這個房子花了頭期款120萬，以及兩年來的房貸費用約40萬左右，加起來共約160萬元。真正的重頭戲來了。Jessica請人幫忙把房子賣掉，本來她還十分擔心「流動性風險」的問題。

所謂的「流動性風險」，指的是房子要轉換為現金的不容易，流通性不像股票那麼快，必須有買家願意買，才能房子換現金。結果，Jessica花不到三個月的時間，順利賣掉房子，而且還以800多萬的價格賣出，實拿810萬。

如果大家記憶力還不錯，應該會記得兩年前Jessica以總價600萬買到的房子，現在以實拿810萬的價格賣出，中間價差足足有210萬之多！

雙手抱著210萬，扣除頭期款120萬與兩年來的房貸約40萬左右的費用，總共約160萬，Jessica總共賺進50萬！

Jessica們心自問，這兩年來自己為這50萬做了哪些事？熬夜加班，還是爆肝為它寫企劃書、行銷策略？沒有，她其實什麼事也沒做。

只除了把個人物品搬進去、又把個人物品搬出來，以及從別人手中把房子過戶到自己名下，再從自己名下過戶到別人名下之外，她並沒有額外做哪些事。在這因為工作需求的一來一往、一買一賣之間，竟默默賺了50萬！

如果這是一樁買賣，等於從頭到尾只拿出160萬本金，把房子抱在懷裡兩年，在裡頭享受專屬於自己的小窩兩年後，再轉手賣出去，結果不僅拿回原本繳出去的160萬本金，還另外賺了50萬。

Jessica靠得不是兼差工作，也不是為自己開創一個會下金雞蛋的副業，更不是創業，而是她兩年前所做出的那個決定——我要給自己買個屬於自己的專屬空間。

未完，請見下篇文章《「真正的需要」幫我們大賺一筆！》。

包租婆懶人包

1.「流動性風險」：房子要轉換為現金的不容易，流通性不像股票那麼快，必須有買家願意買，才能房子換現金。這是一般投資房地產時，必須認清的缺點之一。

2.拿出160萬本金，把房子抱在懷裡兩年，享受專屬於自己的小窩兩年後轉手賣出，結果不僅拿回原本繳出去的160萬本金，還另外賺了50萬！

3.Jessica靠得不是兼差工作，也不是開創一個會下金雞蛋的副業，而是兩年前做出的決定——我要給自己買個屬於自己的專屬空間！

 # 「真正的需要」
幫我們大賺一筆！

　　承上篇文章，在Jessica把房子賣掉，遠赴上海工作多年後，她扼腕地發現了另外一件事。自己當初根本不該把房子亂亂賣掉！不過，這又是另外一個理財故事。

　　因為在多年後，飛越台灣海峽遠赴上海工作的Jessica，赫然發現自己根本買不起那裡的房子，而原本以總價600萬購得的專屬小窩，如今已經漲到驚人的1,000多萬！

　　最、最可惜的是，這居然其實已經不關她的事……

　　Jessica後來回過頭看整個買房賣房經過，依然會有種扼腕的可惜感，老是想著：當初如果沒有賣出那間房，等個幾年再出手賣掉，入袋的錢就不是當初的那些，將會多更多。

　　不過，Jessica轉念一想，自己有賺就好，在投資市場中，留點空間也讓別人賺上一點，買賣雙方都開心也重要。

經過這番曲折，Jessica後來也曾嘗試買屋投資，不過所獲得的利潤都沒有原先的好，她發現，通常以「自我需求」為出發點購買的房子，經過時間發酵後，往往大多會帶來一定程度的可愛漲幅！

只要「通貨膨漲」存在一天，房價就很難往下跌，畢竟「房子」也是「物品」的一種，只要民生必需品年年往上飛漲，房價下修空間就會有限，除非目前房價已經過過分誇張的炒作，超出合理範圍太多，才有大幅度的下修可能。

房子畢竟不只是單純物品，同時也是民生必需品的一種，而非單純金融商品，有「居住正義」的議題存在。

有人說「買房可以對抗通膨」，所以他們想要買房；也有人說「每月需要繳交的房貸費用跟每月房租差不多」，所以他們想要買房。

在Jessica身上，除了可以看到以上兩點之外，我們還能看清楚更重要的一點：與其購買幾個月後就會被淘汰的產品，不如購買自己「真正需要」的物品，而這份「真正的需要」到最後竟還能回過頭來，幫我們大賺一筆！

Part 2

買房要，
不要？

Go!

一百個人來買房，需求很可能有一百零一種，最重要的是：我們知道自己最想要的是哪一種了嗎？

# 花掉大半薪水付房租，到底值不值？

　　身邊有兩位朋友，一位是主張租房的「租房派」，另一位是剛好相反的，主張全力讓自己成為有殼一族的「買屋派」。

　　兩個人都有自己一套房屋邏輯，沒有優劣，只有哪個比較適合自己。

　　為了方便一目了然比較，做成以下表格，大家一起來討論看看，到底是「租房派」還是「買屋派」對自己比較有利呢？

「租房派」優劣勢通盤大統整！

	「租房派」優勢	「租房派」劣勢
頭期款壓力	完全不用考慮這點。只要運用每個月的薪水，來好好過生活就可以，不過租房通常需要數個月壓金，也是一筆開銷。	完全不用考慮這點。有時候卻是失去一個強迫自己存錢的好目標。
每月房貸壓力	完全不用考慮這點。相對而言，生活可以過得比較輕鬆、寬裕一點，把每月存下來的錢，拿去投資，賺取更多的錢。	完全不用考慮這點。
每月房租壓力	比房貸壓力小一點，但每月也要固定付出的一筆金錢。	每月薪水一入帳，馬上被砍去1/3，甚至更多！導致存款步數字老是累積不起來。
房價下跌時	完全不用擔心。	完全不用擔心。

房價上漲時	完全沒優勢。	可能會被漲房租。
萬一沒收入	同樣會感受到壓力，但選擇比較彈性，例如：可以暫時搬回老家居住，暫且熬過這段時間後，再重新出發。	一般來說，房租會比房貸少一點，壓力也相對比較小一點，但同樣會感受到壓力。
一種投資	如果懂得運用金錢，可以把房租跟房貸中間的價差省下來，形成一筆投資基金，進行積極投資，用錢滾錢方式，賺取「資產收入」。	如果房價漲，就會與自己完全無關，以長時間來看，因為物價通膨的關係，房價影該是會往上漲，不買房，等於少了一項很不錯的投資，而這項投資不像股票或基金，平常用不到，而是可以人住在裡頭，邊住邊省房租，還可以期待房子漲價的那一天。
抗通膨	較無優勢。	薪水不知道有沒有漲，但後來房價很可能又漲了，除非碰到像SARS時的跌價情況，不過機會比較小。

有無到頭的一日	估計自己一生如果租屋60年，總共要花費多少錢在房租上？如果價格遠低於自己想買的房子，就可以考慮，像有朋友喜歡住管理室像飯店大廳的大樓，一個月租金2萬，一年要砸24萬在房租錢上，如果一輩子租房子住，先用總共需住50年計算，大約需要花掉1,200萬。 　如果理想中房子的總價，遠超過1,200萬，倒是可以考慮一輩子租房，不過，別忘了還有通貨膨脹的問題，相同品質的房子，房租有可能會再調漲。	只要沒買房，就會一直租下去。年輕時可能感覺負擔較輕，可是等到年老時，如果收入反而比年輕時少，或退休金不高時，將會成為一大負擔，生活會比較吃力。
房屋保養與清潔	比較不用花費心思整理，畢竟不是自己的房子。	無法隨自己高興裝潢成想要的樣子，曾有朋友在屋內牆壁畫畫，被屋主要求賠償。
家的感覺	並不是所有人都眷戀家的感覺，如果一輩子租房子，可以住過各大地區跟不同房型，對於不喜歡一成不變的人來說，反而是一大優點。	不是自己的房子，房東如果要用，就會請房客搬走，比較沒有踏實感。

「買房派」優劣勢通盤大統整！

	「買房派」優勢	「買房派」劣勢
頭期 款壓力	有明確的存錢目標，不只目標明確，如果心中已經有理想的房子，連要存下多少錢的數字也會很明確。「目標明確」加上「數字明確」，往往可以幫助人快速達成頭期款目標！	生活壓力比較大，比較不能隨心所欲想花錢就花錢，總是得先一步想到自己的目標。
每月 房貸壓力	每月固定繳出一筆錢，但付久了，這筆錢還是屬於自己，如果房子漲價，就算賺到價差跟省下可觀的房租費用。 不少比較容易「錢進錢出」的朋友，喜歡用買房子付貸款，來強迫自己來個另類存款，把錢存到房子上，不過，在買房時，也要量力而為，挑選自己能夠負擔的房價，才不會被房子綁死。	有朋友把房子買入袋後，心心念念要趕快把房貸還清，到最後居然乾脆取消自己最享受的每年一次旅行計畫，有了房子，沒了人生，實在有點划不來，畢竟人生是拿來享受、感受幸福，而不是拿來搞得自己壓力很大、全部生活只剩下每個月的房貸。

每月房租壓力	完全不用擔心這點。	完全不用考慮這點。
房價下跌時	如果是自住，通常比較不擔心下跌問題，反正房子是自己在住。	如果是投資客，可能就比較需要擔心。
房價上漲時	如果是自住，可以考慮賣屋換大屋，或者抱著屋子，繼續住下去，期待自己的房子還可能「價更高」，有種買到賺到的幸福感。	有的人內心會很糾結，徘徊在要不要趁房價高點時賣屋。
萬一沒收入	有朋友休無薪假時，為了繳房貸，變得十分焦慮且積極，拼命找臨時工作賺錢，或者是到處參加比賽、找外包工作，當別人收入零時，還可以有一些進帳付貸款，等到景氣轉好，回公司上班時，朋友慶幸自己因為有房貸壓力，反而想方設法多賺了不少錢，也開拓自己的不同財路，而非虛度這段時間。	雖然不少人認為有壓力，就是成長的原動力，但有時候情況很吃緊時，可能會必須借錢繳房貸。 建議：平常一定要儲蓄一筆備用金，以防公司突然休起無薪假時，可以拿出來自由運用。

一種投資	1.是唯一可以住進去的投資商品。 2.買下時，馬上省下每個月的房租費用。 3.對花錢較無節制的人來說，算是一種強迫性存款。 4.房價跌時，可以對自己說，反正也住在這裡這麼久了，就當作是折舊吧，買車子折舊速度更快，再者，只要不賣，房價說不定以後漲了，現在雖跌價，但不等於永遠不會再漲。 5.房價漲價時，暗自慶幸自己眼光真好，房子用了幾年，不但沒折舊，反而還增值，感覺真是買到賺到。	只要是投資，就一定有漲有跌，但如果是自己喜歡的房子，本來就是買來住跟享受的，就比較不受房價漲跌影響。
抗通膨	什麼都漲，物價跟房價往往是一起漲的，一屋在手，就比較不怕通貨膨脹的問題，畢竟自己手中也有物件跟著一起漲，將來生活也會比較有保障。	房子可能因為某些外力因素而毀壞，這時候情況就會比較棘手。

有無到頭的一日	付清所有房貸後，生活立馬省下一大筆支出，在中、老年後，可以享受到負擔較輕的舒活人生。 在其他國家有一種做法，當人年老時，想要好好度過自己的餘生，再加上沒有子女，就會把屋子拿去貸款，在生前把所有錢都開心花掉，等於在收入可能變少的中老年時，給自己多留一步路，可以好好運用。	終於徹底付清貸款，不過，當屋齡漸大時，房子裡的東西也會出現不少小問題，那些支出也都算是居住成本。
房屋保養與清潔	可以任意裝潢成自己愛的樣子，畢竟這是全世界唯一一處，可以由我們全權作主，想要怎麼設計就怎麼設計的空間，而且我們還會幾乎天天住在裡頭，跟它一起享受生活，如果房子設計是自己想要的樣子，那麼每天醒來看著房子時，就是一件很幸福的事情。	對於比較懶於保養屋況與清潔的人來說，這可能會是一種小小的負擔。不過，如果真的很不喜歡打掃，也可以請打掃公司過來徹底大掃除一番，次數不需要多，不少人採取一年一次大掃除的做法，其實就夠了。

家的感覺	對我們來說，全世界這麼大，就屬這個空間最特別，我們是這個空間的主人，踏進自己的窩裡那一刻起，我們就是這裡的掌權人，可以自由與房子互動，任意改變裡頭的每一樣陳設，將自己的生活品味完全呈現出來！	如果必須長時間出國旅行或出差，這個家，就會成為我們心中小小的牽掛，不過，這也算是一種甜美的幸福牽掛。

透過這兩位「租房派」與「買屋派」朋友的互相討論，大家是否都已經覺察出自己是屬於哪一派中人了嗎？

包租婆懶人包

1.租房派優勢：完全不用考慮頭期款問題，只要運用每個月的薪水，來好好過生活就可以。

2.買房派最大兩項優勢：第一項付清所有房貸後，生活立馬省下一大筆支出。第二項什麼都漲，物價跟房價往往是一起漲的，一屋在手，比較不怕通貨膨脹的問題。

 # 房子是人類
最重要的朋友之一

　　承上篇文章，建議可以拿筆做記號，在每一項目裡，例如：「抗通膨」或「頭期款壓力」中，選取自己比較在乎或比較想要的那一格，打個星號做記錄，最後統計，自己給「租房派」還是「買屋派」比較多星星？

　　星星比較多的那一派，很可能就是我們心底真正偏向的那一派。

　　這一生中，房子跟人的關係注定會很密切，因為房子是我們朝夕相處的重要夥伴，選擇自己喜歡跟房子呈現哪一種關係，是一門很重要的人生必修學分。

　　有時候想想婚姻，再看看買房或是租房這件事，會發現兩者之間真有不少共同點。要不要結婚？結婚，是否就代表人生從此過著幸福快樂的日子？這個問題的答案，沒有一定的結論。

買房，其實也是。買房並不一定比較好。

問題只有一個：買房是不是比較適合自己？

在人跟房子之間的關係裡，租或買，到底哪一種方式比較適合我們跟房子之間的關係。

一個人，一輩子會擁有許多物品，像是上百雙鞋子、必須時常購買的保養品、小到每天都要思考的飲食、是否要換新手機、液晶螢幕又該買新的、冷氣機壞了也還要再買⋯⋯等等。

除了有能力購買豪華遊艇、飛機的富豪們除外，我們購買的物品當中，最昂貴也巨大的物品，大約就是房子。

房子，裡頭裝著我們一輩子的家當，也是我們和最親愛家人生活相處最重要的空間，唯有當我們和房子之間的關係達到最棒的狀態，才有可能在一個專屬於自己的空間裡優雅舒活。

對於浪漫典型的人而言，生活是種享受，住在舒適的空間裡更是享受人生的一種體現。

對於精打細算典型的人而言，「房租」是個人財務中的最大支出，如何把生活中最高額的支出，轉變成能為自己賺

錢的物品，尤其在睡夢中也能持續賺錢，就是自己跟房子之間最棒的關係。

　　一百個人來買房，需求很可能有一百零一種，最重要的是：我們知道自己最想要的是哪一種了嗎？

1.一生中，房子跟人的關係注定會很密切，因為房子是我們朝夕相處的重要夥伴，選擇自己喜歡跟房子呈現哪一種關係，是一門很重要的人生必修學分。

2.房子，裡頭裝著我們一輩子的家當，也是我們和最親愛家人生活相處最重要的空間。

# 買房第一件事：
不能只看頭期款

談到「買房」這件事，很多人第一反應是——房子的「頭期款」是個很大的壓力。

「頭期款」的確是一個很大的壓力，但買房在金錢上會遇到的石頭，絕對不是只有這一顆。

基本上在買房這件事上，會遇上兩顆大石頭，第一顆是「頭期款」，第二顆是「每月房貸」的壓力。

有些人會問：「請問您買房的預算是？」
買房「預算」的計算方式跟買一件衣服、一次旅行，或是享用一頓大餐的預算完全不一樣。

我們可以說五千塊是我這次購物行程的預算，也可以說到歐洲旅行九天的預算希望可以壓在九萬塊以下，當然能夠更輕鬆定下這次享用大餐金額在兩千塊左右，但我們比較難

輕鬆丟出買房預算金額。比起衣服、旅行、餐費的費用，買房要支付的金額不只十倍，有時候甚至是百倍、千倍。

聊起衣服、旅行、餐費這類花費的預算時，我們可以看看手邊有多少閒錢，稍微分配一下，或者乾脆一口氣花掉都可以，但買房的預算可能沒辦法如此隨性所至。

買房這件事牽扯到的層面太廣，例如：買了很貴的房子以後，其它食、衣、行、育、樂方面的預算都會受到嚴重影響。另外，它所牽扯到的層面也太深，

例如：我們這個月多買了一件五千塊的衣服，影響到的可能只是這個月月底左右，得天天吃泡麵度日的小窘境，但如果買了超出負擔太多的房子，影響得很可能是一輩子！

於是我們時有所聞，某某處房子被法院查封，變成法拍屋，這就是購買超出自己負擔所能及的房子時，可能造成的斷頭現象。

在選購房子時，可能會聽到「這房子好，將來升值空間大，不要看現在的房價，要看之後漲價的空間」。這些話本身沒有太大的問題，只是如果是我們買來自住的房子，房子漲不漲跟居住品質其實沒有太大關係。

我們也可以幻想一下美夢，假想房子被我們買了之後大漲，但請記住一點，只要房子沒有賣掉，那些錢永遠也不會流進我們口袋。

如果我們因為抱持買了之後可能會漲的心態，買了比較貴的房子，將來如果房價漲了，我們牙一咬賣掉，賺了點錢，然後再去買其他的房子，這是有可能會發生的。

但問題是，我們都不知道這間房子到底會不會漲？漲幅可能是多少？

就連說出「這房子好，將來升值空間大，不要看現在的房價，要看之後漲價的空間」的人也無法保證。

如果說這些話的人，敢把這項保證寫進合約裡，才需要真正考慮這些話的可信度。

我們實在沒必要為了一件誰都不確定的事，預先付出昂貴的費用！

想要靠買賣房子賺到錢，還有一個風險：「流動性風險」。

如果投資買賣海外基金，大約一個星期左右可以拿到錢；投資買賣股票，今天賣，大約後天就能拿到錢。

　　但買賣房子可不是這麼一回事。房子有「能不能賣得掉」的風險，或當我們急需用錢，房子卻遲遲無法順利賣掉，這就是房子的「流動性風險」。

　　總結以上，如果我們買房子的心態，不是為了賺錢，而是為了給自己買個棲身之所，請撇開這房子未來增值的可能性先不看，也無需聽信「不要看現在的房價，要看之後漲價的空間」這類的話，我們只要專心好好思考「什麼房子是我們想要居住，而且負擔的起」這件事就好。

包租婆懶人包

1. 我們沒必要為了一件誰都不確定的事，預先付出昂貴的費用！

2. 「這房子好，將來升值空間大，不要看現在的房價，要看之後漲價的空間」。這些話本身沒有太大的問題，只是如果是我們買來自住的房子，房子漲不漲跟居住品質其實沒有太大關係。

3. 買房這件事上，會遇上兩顆大石頭，第一顆是「頭期款」，第二顆是「每月房貸」的壓力。

買房子不能只看頭期款

買超出能力的房子，可能造成被房貸壓垮的現象

=每月房貸3萬元　　game over

什麼房子是想要居住且負擔得起，才是最重要的！

 =每月房貸1萬元

頭期款怎麼算，
對我們最有利？

頭期款該怎麼計算，對我們最有利？

一般來說，假設房子總價300萬，頭期款需要準備總房價2~3成左右，大約60~90萬左右。這是我們常常聽到的一種算法。

於是，我們會給自己設定一個目標，

例如：必須存款200萬，才會開始火力全開看房子，但問題是如果想要的房子總價只需要300萬，而我們又急著買房子，何必拼命存錢存到200萬才去買房？

買房第一道門檻：頭期款。我們早就達到目標了不是嗎？千萬別忘了，有不少人是邊存買房錢，一邊租屋過生活，如果能早一個月搬入自己的屋子住，就能省下一個月的房租錢。

有時候一個月的房租錢，跟一個月要付的貸款費用相差不了多少，如此一來一往結算下來，等於多付了一個月的房租錢，以及少付一個月的房貸費用。長期累積下來，數字將會變得相當可觀。

為了避免發生這種人生一大憾事，尚修採取「一邊存錢，一邊看房」的策略，經過約莫一年左右時間的看房，他已經自體蛻變成看到一間房子，幾乎能馬上判斷出這是不是自己想要的。

當時，尚修一人在外租屋過生活，每月房子租金約在7,000元左右。

一年半後，尚修看中一間總價460多萬的房子，經過數月的談價後，最後以400萬元上下成交。400萬元的頭期款約落在80～120萬元左右。

因為有「購屋計劃」，尚修一直有在存錢，當時他的存款約有100多萬左右，總共花了6年時間存錢。付掉頭期款後，尚修身邊還有點錢，能稍微裝潢再入住。

總價400萬元的房子，付掉約莫100萬左右的頭期款，必須扛起300萬元左右的房貸，尚修每月必須支付的房貸費用大約是1萬5千元左右。

現在請先讓我們來看看，尚修如果沒有採取「一邊存錢，一邊看房」的策略，而是先存到200萬元再積極看房、買房，可能會付出什麼樣的代價？

如果尚修存到200萬元再積極看房、買房，為了多存這100萬，他又會花上另外一個6年的時間存錢。

在6年的時間裡，尚修光是支付這6年的房屋租金，就必須多花一筆50萬元以上的租金費用。

最可怕的是，經過這6年的時間，當初總價400萬元就能買到的房子，後來說不定早已經漲價了。一間很可能漲價的400萬元房子，再加上這6年多出50萬元以上的租屋費用，我們會發現想要買房所需要的錢，似乎在不知不覺中越變越多。

所以準備頭期款最好的方式，並不是把錢存到「自己認為夠了」再去看房、買房，而是把錢存到「能支付自己想要屋子的頭期款」，才是最棒「準備頭期款」的方式。

買房第一道門檻：頭期款。

每月房貸該付多少， 對我們最有利？

買房這件事會遇到兩顆大石頭，第一顆是頭期款，第二顆是每月應繳的房貸費用。

有專家精密計算，認為一個人所要支付的每月房貸，最好不要超過薪水的三分之一，才是最適合的。

如果是一個家庭要買房，那麼每月需要支付的房貸費用，必須在全家人總收入的三分之一以下。

但事實上，真的是這樣嗎？

根據2014年4月17日your paper報紙指出「內政部營建署首度採用實價資料計算房價所得比，結果出爐，全台為8.37倍，北市達15.01倍，亦即15年不吃不喝才能買到房子，新北是12.67倍。」

另外，還提到「雙北民眾貸款負擔率也很沉重，北市高達63％，也就是買了房子，6成以上的家庭收入都得用來繳房貸；新北53％，全台平均35％。」

從以上數據我們可以看到，全台平均的貸款負擔率在專家建議之內，但台北市卻遠遠高於「全家人總收入的三分之一以下」，甚至是建議比例的兩倍之多，從總收入的3成以下，增加為6成以上。

對生活而言，每個月要支付薪水6成以上的房貸費用，將可能成為一件非常痛苦的事。

專家的話可以聽，統計數字可以看，但最後做決定的人還是我們自己，有時候「一般狀況」並不適用於「我們的狀況」。

例如：打破「每個月支付薪水6成以上房貸費用會痛苦」的Jessica。在維持生活水平的狀況下，Jessica每月撥出6成薪水支付房貸費用。兩年後，她因為工作地點轉向上海而賣掉房子，結果居然以100多萬本金，輕鬆賺進210萬的房屋差價到口袋裡。

Jessica無心插柳柳成蔭、意外賺到210萬的詳細過程，請見本書內文《連睡覺都在賺》、《錢，要花在對自己最有利的東西》這兩篇文章。

# 房貸是龜殼，
還是飛翔翅膀？

看到這裡，也許有人會想問：「每月支付的房貸金額，到底佔薪水多少最適當？」

這個問題同樣沒有標準答案，但這裡可以提供身邊不同朋友的多種做法，我們能從中挑選出最適合自己的方式試試看。

方式一：全力搞定鉅額房貸。

有人認為房貸是背上沉重的龜殼，買房後根本不管生活品質，也懶得理會什麼叫享受生活，全心全意把生命重心放在繳清貸款上，生命走到了這個階段，唯有早一日還完貸款，才能盡早出頭天。

此種全力猛攻型的人，貸款20年，結果2年內全數還清所有貸款，不僅終結每月最多的房租支出，還能從此過著逍遙自在的人生。

方式二：只支付最低還款金額。

房子要買，生活品質也要顧，每月支付最低還款金額，其餘的錢都是可以隨意花用的金額，這類型朋友是標準的「今朝有酒今朝醉，明日愁來明日愁」的最佳典範。

方式三：在房貸與生活品質之間，巧妙抓出最佳平衡點。

最後這一類型的朋友，體內既有「今朝有酒今朝醉，明日愁來明日愁」的成分，另一方面他們也想盡早還清貸款，享受「無貸一身輕」的輕鬆感。

實際使用方法如下，首先先依照「每月最低還款金額」支付房貸費用，另外善用聰明才智，將生活中不必要的開銷省下，每存成一筆固定金額便拿去回清償貸款。

這筆「固定金額」，有人的做法是每多存到一筆10萬，就多還10萬；也有人是每月存錢，到年底時看看自己當年可以多還多少錢，有時候金額還能多到忍不住佩服自己。

根據觀察，使用「在房貸與生活品質之間，巧妙抓出最佳平衡點」方法的朋友，在房貸壓力下，過得最為輕鬆自在，不僅能按時繳清房貸費用，還能兼顧生活水準。

更棒的是——每次有能力多還款時，心裡便會升起滿滿的成就感與充實感！

全力猛攻型

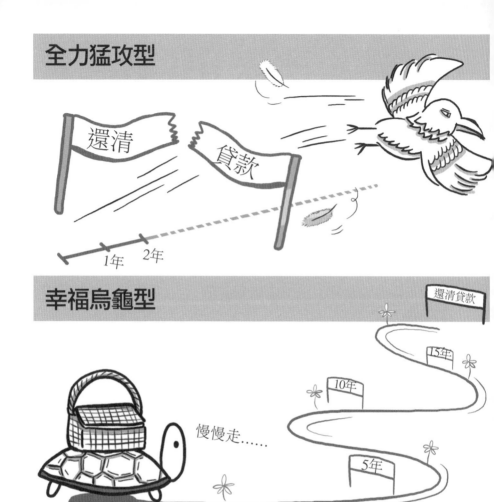

還清　貸款

1年　2年

幸福烏龜型

還清貸款

15年

10年

慢慢走......

5年

聰明平衡型

貸款　生活品質

 # 買房最關鍵的那件事！

買房第一件、也是最至關重要的那件事：我們負擔得起的房價落在哪？

這個問題包含了兩個重要方向，第一是頭期款，第二是每月房貸還款數目。

頭期款先前已經談過，這篇文章的重心會放在後者：每月房貸的還款數目，到底要多少我們才負擔得起？這個問題的答案攸關幾大層面：

第一，我們每月的薪水是多少？

第二，扣除掉生活開銷後，每月能支付貸款金額又是多少？

第三，總還款年數是否是我們想要的？

第四，購買這間房所支付的所有利息，是否合算？

Yolanda這輩子買過三間房，第一間房在她30多歲左右購買，第二次買房賣房是為了小屋換大屋，第三次買房是為了安心養老、悠閒度日。

Yolanda三次買房目的都不相同，卻不約而同都讓她過得更舒心、更自由，也更自在開心！

經過徹底分析，以下將和大家分享Yolanda三次買房的目地跟收穫，以及這次買賣房子如何讓她過得更從容幸福。

第一次買房
年紀：30多歲左右。
坪數：20多坪。
總價：400萬。

購屋目的：Yolanda從台南上台北念大學，大學畢業在台北工作幾年後，Yolanda發現每月辛苦賺來的薪水有一大半都支付給房東，想要存下人生第一桶金因此變得相當困難。

於是她開始積極看房，最後在大台北郊區購買一間20多坪的房子，目的在於止住每月最大的開銷：房租。

是否達成目的：購買房子後，Yolanda把原本要繳交給房東的房租費用，轉為繳給銀行的房貸費用，每月花在居住

的支出費用數目相差不多，唯一差別是15年後，這間房子就是她的。

時間轉眼間過了十年，快要將房貸付清的Yolanda，正要享受在也不需要支付房貸的時候，因為家庭成員需要的原故，不得不賣掉即將付清的房子，另外選購更大坪數的房子。

第二次買房
年紀：40多歲左右。
坪數：30多坪。
總價：1,800萬。

購屋目的：為了讓家人們住得更舒適，另外也想在大台北購屋抗通膨。

是否達成目的：基於以上兩個目的，Yolanda賣掉原本20多坪的房子，獲得「小屋換大」的頭期款600萬，順利在大台北市的蛋黃區購得30多坪的美屋。

40多歲的Yolanda，每月薪水已非大學剛畢業時可以相比，還款能力增加不少，再加上買賣20多坪房子轉手賺到的200萬、平常存下的存款，終於成功在大台北市內買得適合自己的房子。經過一番裝潢，Yolanda開心入住屋齡幾十年的房子裡，掀開人生另一個長達20年的房貸旅程。

年紀：60多歲左右。

坪數：30多坪。

總價：600萬。

購屋目的：Yolanda付清第二間房的房貸時，恰巧漸漸來到退休年齡，當身邊大多數人正在為退休計劃苦惱，Yolanda只是笑呵呵動手規劃往後的悠閒生活，一點也不為錢的事情煩惱。

Yolanda常說，自己已經為錢煩惱了幾十年時光，現在該是來到享受「零負擔」生活的人生階段。

是否達成目的：Yolanda以2,400萬賣掉位於台北市內的30多坪房子，選擇回到台南購買30多坪房子安度晚年。

房子坪數一樣，都是30多坪，卻因為地點不同，拉出800萬的價差，Yolanda將這筆錢分成三份，一份存入銀行賺利息錢，一份買間小套房，出租給學生，每月多個幾千塊錢零花，最後一份成為她的旅遊基金。

現在Yolanda的生活優渥又清閒，每天睡到自然醒，醒來就不急不徐從事自己熱愛的事物，有時候種種花草、看看書、到處學點新東西，或者和朋友四處去玩，每年至少出國旅行一次。

Yolanda很擅長規劃退休生活以及退休財務，每月領取的勞保費用是她最基本的生活費，出租小套房是她的零花錢，部分存款是旅遊基金，最後還有一筆任她隨性使用的定存利息錢。

年輕時，Yolanda懇實走過每個階段，我們可以回頭看看她一路走來的軌跡，如果沒有當初那間20多坪的小房子，很難滾出後來30多坪的房子；沒有大台北30多坪的房子，就拉不出後來800萬的賣屋價差。

Yolanda晚年優渥、不需要再為錢煩惱的快意人生，不是老天爺憑空掉到她面前的人生大禮，而是她一步一腳印走出來的美麗足印。

包租婆懶人包

1.買房最關鍵的那件事：我們負擔得起的房價落在哪？

2.買房前請先自問以下幾個問題：薪水是多少？每月能支付貸款金額又是多少？總還款年數是否是我們想要的？所支付的所有利息費用，是否合算？

# 3大類
最好別碰的房子！

有些人一輩子只買一次房，等於一買定終生，面對市面上琳瑯滿目的房屋物件，我們該聰明避開哪幾種「地雷房」？

「地雷房」可以粗分為三大類，一一分析如下：

第一類：房子周圍如有以下幾種特殊設施者，最好別買。

舉凡設有加油站、機場、高壓電塔、高架橋、夜市、瓦斯槽、公有停車塔、殯儀館、神壇、寺廟、特種行業、垃圾場、焚化爐……等等，民眾觀感較為不佳的設備周圍，買房前最好先三思。

這些設施的存在除了帶給人不安全感、排斥感、環境髒亂感、恐有噪音等問題之外，往往還會影響到個人健康層

面，另外對風水較有研究的人，可能會從中發現不少犯沖的跡象。如果最後決定在這附近買房，別忘了可以向業者要求5～20％的降價空間。

曾有朋友到精美樣品屋看房，對方開價很硬，朋友臨走前輕輕飄來一句：「這旁邊是不是有加油站？」接待人員一聽，立刻自動降價50萬。

懂得買屋眉角，想要以最經濟實惠的價格買到房子，往往只需要一句話的力道就夠！

第二類：地震來臨時，房子像布丁。
買屋前，最好多多探聽該屋周圍環境、鄰居素質，甚至追朔到先前地質也不為過。

曾有朋友相中一間房，約了幾個朋友一起過去幫忙看看、出點主意，一位對地質方面有點研究的朋友，發現這個社區的前身雖不是墳地，但情況也沒好到哪去，因為這塊地前身竟是池塘。

在池塘上蓋房子，平常大多能相安無事，問題是當地震來臨時，房子就會像布丁一樣搖晃起來，想要購買此類型房子必須慎重考慮。

第三類：千萬別急著碰第一個蓋出來的大樓。

民國80年左右，宇成在在台中買了間房子，那時候前景看好，當時知道他在台中置產後，人人都說宇成搶到頭香，日後等著房價上漲就可以小賺一筆。

誰能料得到宇成這一等，望穿秋水足足等了20年，後來他才猛然驚覺幾曾何時自己竟英雄變烈士？

房價不但沒漲反而降，每當回去台中當屋奴打掃房子時，最怕在電梯裡遇到新屋主談論房價，更怕聽到新屋主那句「這裡的房子真的好便宜喔」的刺激性評論。

按照一般狀況來看，在相同地區蓋出一堆新大樓時，購買第一個蓋出來的大樓，十有八九肯定賠，因為第一個蓋出來的大樓是舊的，後來新蓋的建築相對較新，先蓋的大樓價格通常會往下修。

造成這種房價下修的情況，主要取決於人的心理反應，請試想，同一個地段，彼此相隔一條馬路的距離而已，一棟大樓屋齡5年，另一棟大樓屋齡2年，如果房價一樣，一般人會選擇購買哪棟大樓裡的房子呢？

宇成之所以從「頭香客」降格為「屋奴」，主要是因為他以前尚不懂房價如何運作，唯有瞭解房市脈動，才能避免被房子套牢。

Part 3

自住房
要怎麼買？

　　買一個專屬於自己的窩，有時候跟挑情人有點像，對我們而言，最棒的情人往往不是條件最好的，而是最適合我們的。

 # 現在居住：
生活舒適 > 交通點附近

買一個專屬於自己的窩，有兩大問題要先問問自己。

第一個問題：對自己來說，什麼樣的「生活需求」是最重要的？

第二個問題：有沒有可能以為A是我們要的，結果事實證明，其實B才是我們真正的心中所屬？

買個專屬於自己的窩，有時跟挑情人有點像，對我們而言，最棒的情人往往不是條件最好的，而是最適合我們的。

條件是客觀的，我們的幸福感則是主觀的。

有人會說買房最重要的三件事，就是地點、地點、地點！事實真的是如此嗎？

　　朋友晴驊，現在40多歲，她在28歲跟36歲時，各買了一間房子，購屋需求相差甚大。

　　在晴驊28歲時，購屋條件如下：

1.附近最好要有「大賣場」。

　　晴驊會自己開伙煮東西，如果購屋在大賣場附近，不僅可以節省購物時的往返交通時間，也可以搶便宜！趁晚上八、九點以後，進入購買，常常可以買到打折商品，相當方便，算是佔了「地利之便」。

2.房屋大小約莫「10坪左右」即可，太大不好整理，對自己的運勢也不好。

　　熱愛旅行的晴驊，曾參觀過北京紫禁城裡皇帝平常的住所，所佔坪數都不大，據說這是因為風水之故。

　　人的居所如果過大，會導致本身的氣四散，對人反而不好，所以就算是一國之君——皇帝的養心殿，空間也不會為了氣派，而顯得過於寬敞。

3.要有咖啡店。

　　晴驊偶爾喜歡到有特色的「咖啡店」坐坐，和朋友們一起聊天，或者是朋友們來的時候，喜歡到特別的餐廳用餐，所以她購屋要求中，註明附近餐廳跟咖啡廳要多一點。

「大賣場、10坪左右、咖啡店」是晴驊28歲時的購屋條件，等她35歲結婚，跟公婆同住一年，36歲懷孕時，購屋條件又大不相同，那時候的購屋條件如下：

1.要有能買菜的市場。

愛上「傳統市場」的晴驊，開出希望走路10分鐘以內，就可以抵達至少一個傳統市場。

2.坪數要大一點。

考慮到之後誕生的小孩，房屋坪數訂在至少「25坪以上」，才能供夫妻倆以及孩子，一家三口的活動空間。

3.房子附近文化水平要高。

房子最好位在「不錯的學校」附近，走路10分鐘以內，最好有公園、圖書館，如果位在「文化更濃厚的地區」，例如：孔廟附近，那就更棒了！

　　「傳統市場、25坪以上、附近有不錯的學校」是晴驊35歲時的購屋條件。

　　現在，請先閉上眼睛想想，什麼才是自己現階段最想擁有的房子呢？

最佳居住地點，隨「想法」而變

承上篇文章，我們可以清楚知道36歲的晴驊，在意跟喜歡的生活方式已經改變，大賣場變成傳統市場、10坪空間變成25坪以上、咖啡店變成文化濃厚的地區。

「生活需求」決定晴驊每次購屋的標準，而且隨著人生邁向不同階段，購屋需求也會跟著改變。很多人會問，那麼交通點呢？

如果不在方便的捷運點上，這樣上班不是會花很多時間，非常不方便嗎？對於這點，晴驊也有一套自己的看法。

第一，很多人把「交通點」，侷限在捷運站附近，對晴驊來說，這是一件非常奇怪的事情。

如果可以搭乘公車到達，並非一定要坐捷運才行，為什麼一定要在捷運站附近呢？畢竟交通並不只限於捷運這一項。

第二，可以自己騎車或開車。

如此一來，就不再受交通要點的限制。尤其房屋價格，常常離捷運站越近就越貴，在「步行幾分鐘到捷運」以及「房屋總價能省多大」之間，要跳脫一般思考陷阱，好好衡量其中利害關係。

晴驊28歲首次購屋時，曾花費了很多時間走冤枉路，原因就在自己當時腦子裡的一條迷思：買公寓，可以省下一筆可觀的管理費。

一般來說，所謂大樓管理費，大約是購買屋子坪數乘以一坪的管理費，假設一坪管理費50元：20坪×50元＝1,000元，1,000元就是每月應付的管理費。

有的大樓社區提供很多服務，例如：假日有多場免費電影可以看、明亮奢華的健身中心、桌球室、壁球室、小型宴會廳、華麗的大廳、額外提供宛如飯店的服務……等等，管理費就會提高到90元，或者更高。

每個月1,000元的支出，其實並不算少，再多添個幾百塊錢，就是一個月的手機費用。

所以剛開始找屋時，晴驊只鎖定中古屋，看了半年多、50多間房子後，在一次偶然機會下，被仲介帶去看大樓屋，直到那刻，她才恍然大悟，原來自己真正想買的不是中

古屋，而是有管理室跟警衛室的大樓社區！

雖然住社區大樓要多付出一筆管理費，但卻可以享受到她需要的一些服務。例如：許多掛號信可由管理室代收，等下班後，她再到管理室領取即可；還有一次家裡發生了一點小意外，請消防人員過來家裡一趟，警衛室裡的警衛也陪同一起上樓，讓她感覺安心不少；或者大樓突然斷水，也會由管理室負責修好，並對社區統一公告，不用個人出面處理。

有時候我們以為知道自己想要什麼房子，但其實心裡並不十分清楚，唯有真正住過，或者多看過一些房子後，才能隱約摸出一個大概輪廓。

買房是人生中的一件大事，我們可能一輩子買超過一百雙鞋子，就算買錯損失也不大，頂多幾百塊、幾千塊的損失而已，但買房不同。

有人可能一輩子只買一次房，買對了，從此生活無虞，萬一不小心買差了、買貴了，將會對未來生活造成不小的影響。

於是，有人提出一種不錯的觀念：「看一百屋，再出手購買」，可以避免太過倉促買房所造成的小遺憾。

 # 「看一百屋」，
再出手購買

很多人買房，常有一些特別的迷思，其實如果不是投資客，而是要買來自住，這些外在傳來迷思跟觀念，可以只當作參考即可。

最重要的是，要問問以下兩個問題，才能在買到房子的同時，也為自己往後美好的人生奠定好基礎。

第一個問題：對自己來說，什麼樣的「生活需求」是最重要的？

解決妙方：閉上眼睛，問問自己，什麼樣的生活會讓自己感到幸福？什麼東西是自己真心喜歡的？

例如：喜歡多點綠色植物的人，可以選在公園或看得到山的地方；喜歡書的人，則可以選在書店或圖書館附近，都是很適合自己的選擇。

第二個問題：有沒有可能以為A是我們要的，結果事實證明，其實B才是我們真正的心中所屬？

解決妙方：我們看屋時，可以先大概列出選屋條件，並努力朝這個大方向前進，不過，同時也要適度開放其他更多的可能性。

因為有時候我們「認為的最好」，與「實際對我們最好」之間，存有一些落差，唯有抱持一顆「開放的心」，才可以買到更接近自己理想與夢想中的專屬幸福窩。

有了第一次的購屋經驗，在第二次購屋時，晴驊除了列出幾大「生活需求」購屋必備要件之外，為了避免可能犯下「自我判斷錯誤」，於是她規定自己，購屋前，一定要「看一百屋」再出手購買。

畢竟，購買一間房子的費用相當可觀，動輒數百萬，甚至好幾千萬都是可能的事，金額十分龐大。

人的一生中，購買房子的次數並不多，但每次的決定，都會影響自己往後十幾年，甚至是數十年的生活品質，多加比較、精算，絕對對我們未來生活百利而無一害！

經過一連串看屋過程，我們打算出手買房時，可以問自己最後一個關鍵性問題：「以後想脫手，房子賣得掉嗎？」

如果我們心中的答案是肯定的，那麼大概就可以出手購買，如果是否定的，就應該好好暫緩購買動作，再仔細想想是不是還有更適合自己的房子。

最後，以台灣環境來說，有哪些購屋眉角需要注意？根據調查，通常居住在8、9樓是最理想的樓層。

萬一不小心發生火警，台灣22樓以上根本沒有消防灑水系統，如果住在22樓以上的樓層，想要救火還得靠直升機飛過來才能救。

另外，看屋時，萬一發現大樓外牆上出現籃球大的蜂窩，就應該考慮要不要購買這裡的房子，因為這個蜂窩背後，可能代表「這棟大樓有漏水情形」。

包租婆懶人包

買一個專屬於自己的窩，必須先問自己兩大問題。第一：對自己來說，什麼樣的「生活需求」是最重要的？第二：有沒有可能以為A是我們要的，結果事實證明，其實B才是我們真正的心中所屬？

買房前的三大問？

我的生活需求
到底什麼
最重要?

有沒有可能我想的，和我要的不一樣呢?
那就用「看一百間房子」來確定自己的心意吧!

想賣的話......
賣得掉嗎?

 # 掌握看屋要點，
許自己一個幸福小窩

讀萬卷書，不如行萬里路。盡信書，不如無書。

以上這兩句話放到買屋看屋時也很適用，不過要改成「讀廣告單，不如親自走一趟」、「信廣告，不如信自己」。

買屋要懂得如何看門道！

通常賣屋廣告單上寫「到捷運只要五分鐘」，實地親自走一趟，才一邊揮汗如雨，一邊大罵明明就要二十分鐘。打電話問仲介，對方才吶吶開口，笑著說：「到捷運只要五分鐘，指的是騎腳踏車，現在騎腳踏車是種流行，趕一下潮流也不錯啊！」

廣告單上寫「四十坪只要兩千萬」，實地親自走一趟，雙腳一踏進屋內，忍不住發出「房子怎麼這麼小啊」的驚嘆語。

　　轉頭問仲介，對方才吶吶開口，笑著說。「這裡頭還包括停車位嘛，還有公設坪數，扣一扣，實內大概有二十三坪吧，還是很好運用的！」

　　以上對話，誇張嗎？其實一點也不誇張，而且還常常在現實生活裡不斷重複上演。

　　所有廣告單跟宣傳文案只能聽聽就好，最保險的方式是自己親自走上一回，才能確保資料的真實性。

　　更誇張的是，房屋仲介口中的「實內大概有二十三坪」這句話，也要保持適度的懷疑，問題可能出在「雨遮」上。所謂的「雨遮」，包含了陽台等部分。

　　曾看過一間不到二十五坪的房子，權狀上的雨遮坪數居然高達十五坪？！看到這種極度誇張灌水坪數，實在令人哭笑不得。

　　以前房屋公設比大約在10％左右，近年來提高到35％以內，都算能接受的範圍，有時候碰上了30％以內的公設比，還會有種慶幸的感覺。

　　其實，所謂的公設，包含車道、電梯、走道……等頭頂上有遮蔽的地方，另外像是花園、游泳池、莫名其妙的空地……等。

法律有明文規定，這些抬頭看不見屋頂的地方，基本上都不能算在公設面積裡頭。

一般人買房，大概問到公設比多少就停了，很少人會再往下細問，問清這些細節，有時候對「談價空間」會有一定的幫助喔！

買房時，請記得一點，如果公設比過高，很可能成為將來打算把房子賣掉時的最大阻礙。

包租婆懶人包

1.所有廣告單跟宣傳文案只能聽聽就好，最保險的方式是自己親自走上一回，才能確保資料的真實性。

2.房屋仲介口中的「實內大概有二十三坪」這句話，也要保持適度的懷疑，問題可能出在「雨遮」上。

3.一般人買房，大概問到公設比多少就停了，很少人會再往下問清更多細節，有時候問對問題，對「談價空間」會有一定程度的幫助喔！

4.如果公設比過高，很可能成為將來打算把房子賣掉時的最大阻礙。

買屋一定要注意
三大眉角

買屋眉眉角角很多，為了方便大家一一檢驗，特別製作下頁表格，以免漏掉其中一項，而買到自己不喜歡的房子。

好希望有一間自己的房子
可以佈置成自己喜歡的樣子
還可以在小花園裡喝下午茶！

與房屋初次見面，該掌握三大眉角：

必備物品：用相機拍照、請仲介準備房屋基本資料，以供參考。

眉角一、基本資料		已了解，請打勾
總坪數	通常不會是「真正的室內坪數」，看到這個數字時，請不用急著拿總價來除，企圖算出一坪多少錢，請先稍安勿躁，我們還有許多問題要一一釐清後再來算，也不遲。	
室內坪數	可以親自測量，這部分可以找室內設計師朋友求救，他們是這方面的高手。 PS：確實掌握室內坪數，除了保障自身權益之外，往往也是砍價的重要利器。	
公設比	35%以上，要再觀察跟評估。	
有無停車位	停車位應該佔幾坪？曾經看過有停車位被灌水寫上十五坪？甚至是快要二十坪，讓人很想問，這是加長型禮車的停車位嗎？ 正常停車位坪數：八到十坪（車道約佔三~五坪）；機械停車位：四到五坪。	

眉角二、進屋前就要開始觀察		已了解，請打勾
天涯若比鄰	居住環境不是踏進屋子裡那一刻才開始，而是踏進一棟屋子，甚至一個社區時就已經開始。 　例如：有為對氣味很敏感的朋有，有次看屋時，發現自己對門是有養狗的人家，這本來沒什麼，可是當他站在自家大門處，就聞到濃濃的狗味時，胃部一陣打滾，噁心感直衝喉嚨，當下他就知道，這間房子不適合自己。	
上下樓鄰居	鄰居對門是誰重要，但上下樓是誰，往往更為重要！曾經看屋出來後，等仲介離開，在一樓巧遇附近的鄰居，一問之下，才知道這樓屋主急著賣屋，主要原因是因為樓下鄰居三天兩頭就去他家敲門，直說他們太吵，兩家人甚至上演大鬥法，搞得街坊鄰居人盡皆知，正與鄰居聊著，沒想到仲介突然剛好又經過這裡，看見大家正在聊天，臉色當場鐵青，還朝鄰居丟出一句，請你不要亂說話。 　仲介為了賣屋，可能會有所隱瞞，但熱心的鄰居可不會。	
周圍出入族群	附近大多居住學生、老人，還是一般上班族？出入會不會很複雜？鄰居們的公德心是否足夠？這些都是需要觀察的。自己住的時候，主要是因為安全因素，等到哪天要把房子賣掉時，這裡住著明星、教授，還是天天大打出手的鄰居，可是會影響房屋價格的。	

眉角三、水的大作戰		已了解，請打勾
水壓夠嗎？	打開浴室、廚房……等處的水龍頭，看看水流量是否夠大，水質是否清澈？不要因為仲介説屋主停用水，就略過不檢查，如果剛好相中這間房子，就請仲介想辦法開通水，一定要檢查出水是否正常。 　　別忘了，我們可是付了好幾萬塊的仲介費給仲介，可以適時請他們幫個小忙。	
房屋有無漏水	這部分最嚴重的問題，就是牆壁管線漏水，通常屋主會用貼壁紙來掩飾這一缺點。處理方式很麻煩，如果是自家問題，就必須打掉全部壁面，抓出漏水之後，把問題徹底解決。 　　也有可能是樓上水管有問題，或防水沒做好，這時候必須親自跟樓上屋主溝通，請對方把漏水補起來，或者做好防水處理，以免漏水問題越來越嚴重。 　　建議：親自動手摸摸牆面，看看是否有微濕的感覺？或者是牆壁溫度有一塊比較低？牆壁跟地面是否有軟軟的地方，或是踩踏起來不平整的區塊？屋內是否有龜裂、突出的地方，或者壁紙有無反黑，這些都是房子漏水時可能出現的狀況。	

排水孔都通嗎	每一個排水孔，包括：廚房流理台、浴室排水孔、洗手台、洗衣機處的排水孔……等，都要一一檢查，如果入住後，家裡淹大水，可是會讓人很抓狂的喔。	
窗戶是否滲水	建議：拿水導入窗戶外框，看看水是否會流進窗戶裡。	
馬桶是否漏水	建議：一定要親自按按看，有朋友會帶有顏色的顏料，倒入馬桶裡後再沖水，只要馬桶一有裂縫，就可以馬上看得十分清楚。	
冷氣孔是否滲水	這也是要小心注意的一個漏水點。	

總建議：可以挑個下雨天，走進自己想要出手購買的房子好好觀察，另外，貼壁紙的房子也要多加注意，很有可能因為房屋漏水，為了掩飾而貼上壁紙。

包租婆懶人包

1. 看屋時，請記得做兩個動作：一、用相機拍照。二、請仲介準備房屋基本資料，以供日後決定是否買房的參考依據。

2. 居住環境不是踏進屋子裡那一刻才開始，而是踏進一棟屋子，甚至一個社區時就已經開始。

# 太陽跟空氣決定生活品質

　　除了上述提到三大面向以外，「太陽」跟「空氣」常常是決定日後生活品質的重要關鍵！

　　別小看太陽跟空氣這兩項大自然提供的免費資源，在西方國家購屋規章中，甚至明文規定該房必須有幾小時日照時數！

　　一間從未受過揚光照拂的房子，對某些國家來說，是不優良的居住空間。就讓我們一起來看看以下表格，該如何檢驗一間房子的陽光和空氣。

　　身邊不少買屋新手看房時，除了從房屋仲介手中拿過房子基本資料，接下來就在室內打轉一圈，四處看看有無漏水，或者是單憑感覺來判斷一間房子的好壞。

在迫切需要買房時，常常一次看個兩間以上，甚至更多的房子，如果每間房子單憑感覺很容易發生「印象模糊」的發生狀況。

建議：一次看多間房時，可以隨身攜帶相機，將房子的優缺點通通拍攝下來，以供事後決策時參考之用。

如果對買房應該注意的眉角上不熟悉，可以利用上述表格一一檢驗房子各面向，利用「有效的刪去法」選出最適合自己居住的房子。

所謂的「有效的刪去法」，其實就是西方中古時候「否定法則」；亞理斯多德也曾提出過「智者追求的不是得到幸福，而是刪除不幸福」的概念。

以上兩種概念想要闡述的相同結論，套用在「決定購買哪間屋子」的難題上時，可以得出一條有用守則：刪掉那些我們不喜歡、不想要、擁有自己無法忍受某種缺陷的房子，避開爛房子，是選到好房子的重要關鍵。

「如何挑選出我們想要的房子？」這個問題是整個買房過程中最重要的一個環節，接下來，也許有人會發出「買房過程應該很複雜吧」的擔心和疑問，但其實這個問題比起上一個真的簡單太多了。

一、太陽大作戰	避免西曬	建議：可以拿指南針測量房子方位，不要面向西方，有忌諱的人，甚至會覺得不太吉祥。
	採光是否夠好	光和水，對植物很重要，對一間房子也是！ 一間房子享受日照的時間，最少需要三小時左右，在國外，這被稱作為基本的日光權，別小看日照時間，不管是對植物，還是對房子而言，陽光可都是非常重要的。
	沒光只好開燈	求學時，曾有同學住在房子裡中間房間，只有一個窗戶，窗戶跟旁邊大樓，只相距短短的防火巷，而這個防火像小到伸出手，就可以碰到隔壁建物的牆壁。 住這間房不只通風很差，連電費都高得嚇人，因為只要一起床，就必須開燈才能活動，相當燒錢又很不環保。

二、窗戶大作戰	每間房都有窗	每一個獨立的空間，最好都能有一扇窗，才能確保該空間空氣能夠流通。
	窗戶是否夠大	浴室裡的窗戶，要大小適中，當洗完澡時，室內水蒸氣能否快快散去，就得靠窗戶跟抽風機了。
	窗戶位置	窗戶開的位置對著誰？工廠、垃圾堆，還是飄來陣陣清香的後山？空氣品質，有時候可以決定我們的心情品質。
	隔音問題	窗戶關起來，是否就可以阻隔外頭的噪音？其實不只窗戶，樓與樓之間的隔音，也相當重要，最忌諱樓上一走路，樓下全聽得一清二楚。

買屋自住,雖然是一件浩大的工程,值得慶幸的是現在有仲介跟代書協助處理許多雜事。

基本上,只要掌握好以上陳列的五大面向,再加上挑選出值得信賴的房仲,我們就能靠自己的判斷,買到一個幸福的甜蜜小窩。

拿著表格,像玩尋寶遊戲般,一一檢查屋內狀況,並適時請仲介協助,如果有房仲無法當場回覆的疑問,也要請對方查清後再詳細告知。

當我們開始覺得麻煩時,只要想著:萬一這關沒做好,等搬進來後,將會是一連串問題的開端。接下來我們就會更專注在「看房」這件事上。

1. 一間房子享受日照的時間,最少需要三小時左右,在國外,這被稱作為基本的日光權。

2. 每一個獨立的空間,最好都能有一扇窗,才能確保該空間空氣能夠流通。

 # 未來規劃：
周邊環境 > 交通點附近

買屋時，必須先問自己兩個問題。

第一個問題，打算在這裡頭住多久？一輩子嗎？還是將來有可能再買自住屋？

如果答案是否定的：「預計短期之內不會再有購屋打算。」那麼請丟開常聽到「買房最需要注意的三件事：地點、地點、地點」這條法則。

如果答案是肯定的：「預計短期之內可能會有購屋打算。」那麼決定出手買房時，必須再問自己第二個問題：「如果決定搬到別處去住，這間房賣得掉嗎？好賣嗎？或者是不是能順利出租出去呢？」

這個問題的答案，可以從附近有無「人潮」來一窺一二，不管是打算買賣房屋，還是租屋，有人潮就有錢潮，基本上不用太擔心房子會空在那裡。

現在我們再把視線焦點轉回「預計短期之內不會再有購屋打算」上頭，如果我們暫時沒有再搬家的打算，就應該好好審視「居家環境」，而非「地點、地點、地點」。

　　「房子周邊環境是否友善便利、生活機能是否夠強」和「這裡是否有捷運站」，哪一項對我們居家生活品質影響比較大？

　　我們在一處地方落腳居住，比起「到哪裡都方便」，「能好好享受生活」似乎更符合我們的最終目的，畢竟住在一個地方，**最重要的是我們跟這個地方的關係與連結，而不是忙著從這個地方移向四面八方。**

　　買了房子，除了居家附近的環境很重要之外，居家內部的舒適度也非常重要。於是，有人會想問：「裝潢費用到底要預估多少才夠？」

　　通常專家們會建議，裝潢費用大約為購買房價的2~3成左右，扣除掉必要的櫥櫃、天花板、地板、牆面與基本傢俱外，別忘了還有沙發、液晶螢幕、冷氣機、浴室多功能電子產品……零零總總的設施加起來，也是一筆不小的花費。

　　另外，如果購買中古屋居住，不僅需要準備較多的頭期款，也需要把維修費用加入總開銷裡，例如：老舊管線建議最好拆掉重做，以確保入住後的安全保障，一般來說，裝設

新管線的費用一坪大約在1~2萬之間。

　　買房入住是人生一大喜事，除了我們肉眼看得到的地方必須舒適之外，看不到的電線管線、水管防水問題也應該一一確認安全無虞，否則正式入住後一旦發生問題，不僅會搞亂所有家當，也會嚴重影響屋主的生活品質。

包租婆懶人包

1. 買屋時，必須先問自己兩個問題。第一個問題：「打算在這裡頭住多久？一輩子嗎？」第二個問題：「如果決定搬到別處去住，這間房賣得掉嗎？好賣嗎？或者是不是能順利出租出去呢？」

2. 通常專家們會建議，裝潢費用大約為購買房價的2～3成左右。

3. 如果購買中古屋居住，建議老舊管線最好拆掉重做，以確保入住後的安全保障，一般來說，裝設新管線的費用一坪大約在1～2萬之間。

# 誰說住哪一樓
都一樣？！

買屋高手從不買某些樓層，我們都知道是哪幾樓嗎？

一棟大樓直挺挺立在眼前，對我們來說，從一樓到頂樓看起來似乎都一樣，但對懂屋高手來說，有些樓層根本不用考慮購買，有些則在購買前搶先做好全面評估才願意出手購買。

我們心裡都清楚哪些樓層、注定有哪些缺點了嗎？

這陣子報章雜誌熱烈探討一個問題：人口老年化的居住議題。根據報導指出，有不少年邁的老人居住在沒有電梯的公寓裡，其中超過五成以上的老人，曾因為爬樓梯而跌倒送醫。

雖然規定凡是建物高達7樓以上，就必須有電梯設備，但對60多歲、70多歲，甚至是80歲的長者而言，天天上下

爬個7層樓梯外出，將會是生活中一大障礙，更嚴重一點，可能導致長者長期不願外出的原因。

也許有人認為這個問題尚不需要考慮，但萬一我們這輩子只買一次房，而這間房恰巧位於沒有電梯的公寓裡，將來年老時又該怎麼辦呢？

就算購買有電梯的華廈，我們都清楚電梯每隔20年就應該全面換新，來確保所有住戶的安全嗎？

為自己添購美屋時，除了必須評估電梯跟生活習慣之間的關係之外，不同的樓層數，也會帶來不同的問題。這些問題，我們都知道了嗎？

最廣為人熟悉的，應該就是大部分大樓的2樓，是一棟大樓中最容易發生水管堵塞的樓層，萬一發生和「水」相關的問題，2樓通常是最先淹水的樓層，這也是許多人避免購買2樓樓層的部分原因。

被譽為「儒商」美稱的奇美集團老闆許文龍先生，他的辦公室位在4樓，之所以在4樓，是因為公司同仁不喜歡「4」這個數字。

為了破除迷信，許文龍先生特意讓人將他的辦公室設在4樓。

依照東方人對「4」這個數字的厭惡感，通常4樓房價會較低一點，5、6、7樓則會多個2％左右的價格。

如果和許文龍先生一樣，並不排斥「4」這個數字的人，可以藉此要求賣方降點價錢，不過，也要考慮到往後脫手時，也許有人因為忌諱「4」這個數字，而放棄購買這間屋子的風險。

最後，台灣是個較容易發生地震的國家，萬一發生地震，哪些樓層會受損較嚴重呢？

以14層樓的建築物為例子，通常受損最嚴重的樓層大約會落在5、6、7樓，如果情況太過嚴重，大樓從中折斷的樓層，大約會落在5、6樓。

購買自住屋，應該優先考慮此屋是否適合自己居住？周遭環境是否便利理想？樓層是否符合需求？其次再考慮往後轉手的相關問題。

包租婆懶人包

萬一發生和「水」相關問題，2樓通常是最先淹水的樓層，這也是許多人避免購買2樓樓層的部分原因。

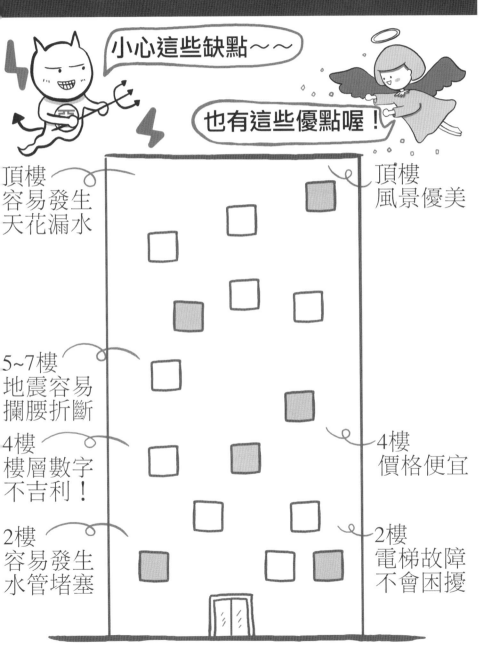

Part 4

房貸裡的富二代：

必勝眉角
招租執行篇

　　要成為最出色的包租婆（公），除了房子必須整齊清潔之外，也需要和房客們培養出感情。

只要便宜，
一定租得出去！？

Matilda從事包租婆這項工作，已經有超過20多年的經驗，從剛開始跌跌撞撞抓不到租屋要領，每到暑假大學新生報到，就舉著一塊紙板、站在校門口招攬學生租屋。

現在Matilda不但每學期都滿租，還不用站到校門口招攬新生，有時候這學期還沒過完，熱心的學長姐已經帶著學弟妹來看屋、登記租屋，招租狀況只能用絡繹不絕四個字來形容。

根據Matilda20多年的經驗，統整出一條「租屋絕對能租出去」的超強鐵律：**房間陽春沒關係，只要租金夠便宜，絕對能順利租出去！**

Matilda提醒，「高額租金」常常導致租屋乏人問津的窘境，有心想要進入這塊領域的人，千萬不要在剛開始就砸大錢搞裝潢，把房子弄得美輪美奐，如果抑制不了這股衝

動，請先閉上雙眼，試想：當我們念大學時，平均每月有多少錢才花在房租上？

9,000元、6,000元、5,000元，還是4,000元？

「租金價格」會隨著出租對象而有所調整，學生的租金通常最低，上班族可能略高一點，但通常也會要求坪數要大一點，對室內裝潢與配備，也會有比較多的要求跟期待。

相對來說，Matilda比較喜歡把房子租給學生，不僅對方身份單純，較少發生繳不出房租的狀況，而且房租收費方式大多以「一學期」為單位，也就是一次繳清6個月的房租費用，省下不少需要每月收房租的時間跟功夫。

租金便宜的房子，除了基本網路、桌椅、床、衣櫃必須有之外，室內是否整齊乾淨也很重要，只要做到後面這點，有時候不配網路或衣櫃，也是可以被學生接受。

畢竟現在手機就能直接上網，對租屋裡的網路需求大為降低，如果房東願意把「租屋配備陽春」反應在租金上頭，不少學生可是搶著租便宜的租屋，對學生來說，租屋只是洗澡睡覺的地方，並不需要特別豪華或享受。

# 只要特別，
就能吸引學生

房子除了便宜容易租出去之外，Matilda還發現有另外一種房子，也比較容易吸引學生過來一探究竟：房子本身有特色。

這類房子像是：附有健身房跟小型劇院的社區大樓、強調擁有電子產品的套房、飯店式裝潢的套房、有主題性的發萌房間……等等，都會吸引不少人前人看房、租房。

Matilda抓緊學生都愛體驗新生活的心理，時時變化著手中的租屋型態，順便藉此做一下市場調查，根據這些經驗，統整出學生租屋主要可以分為兩大類，一類主打便宜就好，另一類則偏好高檔享受。

後面這一類同學，面對「附有健身房跟小型劇院的社區大樓」、「強調擁有電子產品的套房」這兩類房型時，很難有抵抗力，就算租金偏高，這類學生也願意花大錢承租。

　　不過，「強調擁有電子產品的套房」這類房型，必須時時維持電子產品的時效性與可用性，對於成本而言，是種艱困的考驗。

　　Matilda曾試過以上幾種類型較為特殊的房型，優點是房租可以提高到8,000元、9,000元，不過相對來說，這些房子的房價或裝潢本來就偏高，一來一往下來，投資報酬率竟沒有主打便宜屋來的好、來的長久。

　　後來Matilda更發現，凡是承租「主打便宜租屋」的房客，大多屬於長期租賃型的人，但喜歡特別房型的房客，通常每半年就會更換一次，對Matilda來說，就管理層面來做考量，便宜屋在租屋市場較具優勢。

　　Matilda後來將特殊房型的房子盡量脫手賣掉，只留「有主題性的發萌房間」。

　　這類房型的裝潢跟佈置，Matilda大多自己動手來，成本低廉，利用勞力跟創意增加房子附加價值，但房租費用只比「主打便宜租屋」稍貴500元或1,000元，在學生之間很受歡迎。

# 把眼光放在
10年、20年後……

　　有朋友認為Matilda從事房地產投機，但Matilda本人完全不這樣認為。

　　所謂的房地產投機，指的應該是買空賣空，短期操作以期望賺取暴利，Matilda從不迅速買屋賣屋，相反的，她常常房子一抱就是幾十年。

　　Matilda不否認自己的確「長期投資房地產」，在她的生活中，除了將屋子打掃乾淨出租出去外，另外一方面仍舊不斷看屋買屋，只要發現值得投資的物件，就會出手購買。

　　對於投資房地產這件事，Matilda公開分享她的想法：扣除掉人為故意炒作房價不談，一般房價的成長雖然緩慢，往往三年、五年看不出什麼具體效果，但只要把時間拉成為10年、20年，甚至是30年，往往就能看見它的後作力有多強悍！

Matilda出社會工作沒多久，很快鎖定自己只要身邊有錢，就會拿去做房地產投資。

只是買房門檻高，尤其第一棟房子的頭期款，更是千呼萬喚才使得出來，開頭並不容易。不過，從事包租婆工作就跟打網球一樣，雖然入門門檻高，一旦進入這個領域後，得心應手的速度往往十分驚人。

有鑑於通貨膨脹會讓錢變薄，為了讓資產保值，Matilda積極從事買房投資，並且從一開始就打定主意，在等待房子緩慢增值的同時，要好好運用手邊的房屋物件，為自己再賺一筆！

於是，Matilda從辛苦買下的第一間套房開始，穩扎穩打，房子一間買過一間，仔細計算拿捏「房租收益」與「負擔房貸」之間的巧妙平衡，絕不之操之過急，讓自己手中的房子斷頭。

自認自己不是口袋很深的大戶，不可能買房後就丟著不處理，一心一意等時機成熟，再賣掉手上屋子賺取差額。Matilda所做的事，是把眼光調向10年、20年，甚至是30年後的賣屋收益，但雙手實實在在收著每月的房屋租金。

現在Matilda處於半退休階段，逐步計劃拋售手中收益較差的房子，因為沒時間壓力，房子通常能賣得不錯價錢。

不過，即便如此，Matilda仍沒有將房價定得很高出售，反而留點空間，讓自己跟新屋主都能小賺一筆，如此一來買屋賣屋雙方都能皆大歡喜。

經過幾十年經營，Matilda手中房子的房貸幾乎全部還清，手邊的租金變成她的生活費，賣掉房子的錢則成為她的養老基金，這輩子再也不需要為錢煩惱，是個經濟自由人。

包租婆懶人包

1. 一般房價的成長雖然緩慢，往往三年、五年看不出什麼具體效果，但只要把時間拉成為10年、20年，甚至是30年，往往就能看見它的後作力有多強悍。
2. 從事包租婆工作就跟打網球一樣，雖然入門門檻高，一旦進入這個領域後，得心應手的速度往往十分驚人。
3. 仔細計算拿捏「房租收益」與「負擔房貸」之間的巧妙平衡，絕不之操之過急，讓自己手中的房子斷頭。

 # 記住房客名字，
財源自然滾滾而來

要成為最出色的包租婆（公），除了房子必須整齊清潔之外，也需要和房客們培養出一點點感情。

東方人常言道：「見面三分情。」又說：「有關係，等於沒關係。」講得就是人與人之間的感情牽絆。

比起冷冰冰的房東、房客關係，如果能夠和房客打成一片，或者有幾分交情，不然碰面時至少房東喊得出房客的名字，都能瞬間拉近兩人關係。

這麼做不僅可以維持較長的租屋關係，另外當房子出現問題時，雙方也比較容易溝通。

在各行各業中，凡是優秀的工作人員，大多能喊出客戶的名字，藉此拉近彼此之間的距離。

Matilda常笑說，每當她在路上碰見哪位同學，喊出對方名字時，大多都能從對方臉上看見驚訝的驚喜表情，畢竟每個人都喜歡自己被別人記住。

再者，每當她把名字一喊，兩人之間馬上能熟絡起來，往往還可以聊上兩句近況，Matilda也可以趁機問問對方「房子是否住得還習慣」等話題，讓對方充分感受到房東的用心與貼心。

平常和房客們打好關係，不管對於續租、介紹別人來租屋，或者結束租屋時都很有幫助。

Matilda曾經碰過租約到期時，到男房客租屋一看，赫然驚覺原本雪白的牆面，居然充滿各式生猛塗鴉？！

搶在昏倒前，Matilda微笑對房客說：「不好意思，房內牆面因為畫得有點亂，我出錢去買油漆，明天我們一起把牆面恢復成原本的白色好嗎？否則下一位房客如果是女孩子，看到這面牆，很可能會昏倒喔。」

房客一聽，搔搔頭，顯得有些不好意思，小小聲答應明天會幫忙一起粉刷牆面。

隔天，Matilda正準備去買油漆時，接到這名房客傳來的訊息，內容大抵是牆面已經粉刷好了，請她過去看看。

等Matilda趕到租屋時，發現男房客已經把牆面恢復成潔白的顏色，看著房客臉上淺淺的微笑，額頭上還冒著汗，Matilda馬上提議請對方吃碗消暑解渴的豆花冰。

房客原先不肯，後來經不住Matilda連拉帶哄拉向豆花店，原本可能因為被畫得亂七八糟牆面而怒目相向的兩人，竟悠哉坐在豆花店裡，享受一碗甜嫩豆花冰的滋味。

更妙的是，過了幾天，一名女同學打電話給Matilda，表明要租房子，經過細問，Matilda才發現這位女同學竟是先前男房客的學妹，因為學長極力推薦，直說Matilda是位超好的房東，便向學長要了她的電話……

對Matilda來說，在賺到租金的同時，還能賺到更為珍貴的人情，這才是人生中最棒的甜美收穫！

包租婆懶人包

1.要成為最出色的包租婆（公），除了房子必須整齊清潔之外，也需要和房客們培養出一點點感情。

2.平常和房客們打好關係，不管對於續租、介紹別人來租屋，或者結束租屋時都很有幫助。

放利給學生，
自己賺更多

　　Matilda剛開始從事包租婆工作時，每到了學期結束前，總會顯得特別焦慮，擔心沒人來租房子怎麼辦？萬一繳不出房貸又該怎麼辦？時常搞得自己心情煩躁，對事情又沒有實質幫助。

　　起初Matilda的確抓不到出租要領，往往付出很多勞力跟努力後，房子依然乏人問津，再加上包租婆事業剛起步，也沒有好名聲可以廣為宣傳，如何把房子順利租出去，成為她最大的隱憂。

　　不過，Matilda後來想到一個很棒的方法，從此以後租屋事情進行得十分順暢，再也不需要到校門口舉牌招攬學生租屋。

　　Matilda用的方法很簡單：放利給學生，讓學生成為她的最佳銷售員。

此法實際操作如下：

首先，Matilda先放消息給自己的房客，只要替她租出去一間房，就能獲得500元～1,000元的獎勵金。

於是，許多房客開始主動詢問身邊同學有沒有人要租房子？

有了這層協助，再加上推薦者本人也住在Matilda的房子裡，很快的，一個學生拉另一個學生來租屋，從此Matilda的租屋幾乎都呈現滿租狀態。

除此之外，Matilda還推出舊房客再續租一年，房租現省1,000元的折扣給同學，不少同學一租就是大學四年，有的甚至追加研究所兩年，總共向她承租了整整六年的房子！

在這六年裡，Matilda每月收租5,000元，一年59,000元（扣掉1,000元的折扣），六年總共收租354,000元。

在這六年裡，Matilda只在出租出去的頭跟尾，各進房打掃過一次，接下來一年簽一張房屋租賃契約，接著這豐厚的354,000元，就這樣留進她口袋裡。

# 高估「風險」，
低估「能力」

Matilda踏入包租婆領域前，曾經歷過一段很長時間的猶豫，畢竟投資房地產業的門檻較高，需要資金較多，萬一房子租不出去，很可能成為生活中的一大負擔，為了這點，Matilda心中忐忑了很久。

時間調整到現在，Matilda回顧以前的猶豫不覺，突然發現當初的遲疑跟困擾，其實都可以不存在，只要自己「心頭定」，下定決心要把這件事做好，大可鼓起勇氣放手一搏。

經歷過當初的猶豫不決、奮鬥掙扎、萬事起頭難、從什麼都不懂、什麼都要從頭學，到現在擁有好房東名聲、年年滿租、房子甚至出現預約現象，Matilda猛然驚覺到一件事：她當初嚴重低估自己的能力，同時高估風險！

在踏進任何新領域時，人都會傾向「高估新事件風險，低估自己本身能力」，這是大多數人的正常反應，並非真的能力不足。

事情發展到這裡，大家都在一定的起跑點上，真正決定誰會勝出的關鍵不是能力問題，而是「心態問題」：誰能克服對自己的懷疑，肯花心思去瞭解事情脈絡，接著只須放手一搏，成功往往就在觸手可及的地方。

這些Matilda以前不懂的事，經過這幾十年的淬煉後，現在她懂了，也很謝謝幾十年前的她沒有放棄自己，沒有放棄夢想，頂著未知、不確定，跟一定程度的風險，一路邊走邊學習，終於走到了現在「經濟自由」的人生階段。

當面臨新的事務時，很多時候我們不知道自己究竟能不能辦得到？但請瞭解一點：

不確定能不能辦得到 ≠ 辦不到。

很多人的成功，都不是來自百分之百的肯定，而是當機會出現時，他們克服自己的不確定、內心波濤洶湧的質疑聲浪，願意伸出手，緊緊握住飛到面前的機會，然後他們成功了。

這些成功背後所代表的不是能力有多強，而是「是否能戰勝內心的恐懼」，勇於挑戰心裡頭那個懦弱的自己。

Matilda很慶幸自己走過那段「自我懷疑、再自我肯定」的階段。

現在她已經準備帶著優渥的儲蓄退休，接下來的戰場，是屬於我們這一代的。

包租婆懶人包

1. 當初的遲疑跟困擾，其實都可以不存在，只要自己「心頭定」，下定決心要把這件事做好，大可鼓起勇氣放手一搏。

2. 在踏進任何新領域時，人都會傾向「高估新事件風險，低估自己本身能力」，這是大多數人的正常反應，並非真的能力不足。

3. 決定誰能勝出的關鍵不是能力問題，而是「心態問題」：誰能克服對自己的懷疑，肯花心思去瞭解事情脈絡，接著放手一搏，成功往往觸手可及。

4. 不確定能不能辦得到 ≠ 辦不到。

 # 必備「危機處理」技巧

「隔壁的同學瘋了嗎，半夜2點不睡覺是怎樣？」

「震耳欲聾的笑聲、打罵聲，隔壁的人到底還要鬧到幾點才肯結束啊！」

「明天還要早起，那些人都不用上課或工作嗎？」

「天啊，到底有沒有人可以出面警告他們，我應該報警處理嗎？」。

「如果這時候有人跳出來幫忙處理就好了……」

房客半夜不睡覺，聚眾喧鬧喝酒吃火鍋並不是新鮮事，重點是這些人的心情有多high、說話音量有多大、有沒有時間觀念？

一般來說，當居住附近的鄰居出現類似狀況時，我們除了咬牙忍受之外，總默默希望鄰居能打開自己的良心，或者哪位人士幫忙報警，由警察前來規勸，而且同時要照顧到鄰居的面子問題，以免左鄰右舍因此交惡。

不過，當場景轉換成屋子裡住的是房客時，他們就會默默祈禱希望房東能出面幫忙解決隔壁擾人的吵鬧。

這時候就大大考驗著房東「危機處理的能力」！如果處理得好，有的房客會因此安心住下，一住好幾年捨不得換租屋，因為天曉得換塊地方住後，新房東是不是像現在能夠信賴跟依靠。

面對住所附近有人吵鬧的問題，Matilda也親自出馬處理過幾次，一般來說，如果情況尚可忍受，她會在租屋內的白板上，直接明言規定「晚上九點過後請勿使用洗衣機」、「半夜12點過後，請降低說話音量」。

如果租屋內依舊發生音量過大的狀況，不管多晚，Matilda都會趕到現場，親自了解狀況，進而出手處理。

無論結果是什麼，基本上只要房東出現，其他房客心理就會產生「很慶幸房東願意出面幫忙處理」的觀感，在心裡默默為房東加分，如果再加上一點規勸技巧，將會成為房客們心中的「盡責好房東」。

面對心情太high的房客，Matilda敲門後的第一句話不是責備，也不是質問，更不是「拜託一下都已經幾點了，你們不睡覺別人明天還要上班」這類對事情幫助不大的話。

Matilda會這麼做：首先，她會溫柔地敲敲門，這時候房內通常會出現幾秒鐘的寧靜，然後吵鬧之門徐徐打開，露出一張臉，靜靜看著她。

此時，Matilda最熱愛的開場白是：「不好意思，請問是不是發生了什麼事？有沒有需要我幫忙的地方？因為聲音有點大，附近的人有些擔心，我想說過來看看有沒有可以幫上忙的地方？」

通常Matilda說完這些話後，房客們大多會道歉，並表示會小聲說話，吵鬧情況會大幅改善很多。

房客們知道房東過來協助處理，不僅會在心中默默為房東加分，也為終於能好好睡上一頓飽覺而感到慶幸。

不要害怕處理衝突，往往這正是贏得房客信賴的最好時機！

包租婆懶人包

在租屋內的白板上，直接明言規定「晚上九點過後請勿使用洗衣機」、「半夜12點過後，請降低說話音量」，能搶先一步杜絕過度吵鬧的情況發生。

永遠不敗、超好租房型

　　想要擁抱「永遠不敗，超好租房型」前，Matilda透露，必須先培養好優良房東必備體質：要成為專業房東，首重勇於承接偏離潮流的建物，才能從中挖掘藍海商機。

　　什麼是「勇於承接偏離潮流的建物」？Matilda分享，看房買房過程，她不會針對房屋現況做評價，而會以房子座落地點、本身建材、附近居住環境作為首要考量，然後再以「屋況極差」做為殺價籌碼，低價購得舊屋。

　　買到手的房子都需要經過整修，Matilda剛起步時，花了很多時間跟精力自學房屋清潔、油漆粉刷、重新布置……等等工作。

　　一份事業最艱難的階段，往往在剛起步的時候，最主要原因是：資金不足。

Matilda買了房子，手邊資金陷入短缺，為了將房子調整到可以租人的最低底限，只好以勞力換取房子的舒適度。

在做這些清潔、油漆工作之前，Matilda總覺得做這些事似乎很辛苦，後來習慣後，反而把這些工作視為「能讓心情穩定的必要工作」，而非房東理所當然要外包出去的工作。

對近幾年的Matilda來說，房東是份輕鬆又愜意的工作，主要工作就是簽租約跟收房租，日子過得極為輕鬆開心，明明可以把清潔等工作花一點錢外包出去，但Matilda依然選擇親自動手做。

對她而言，每次和房客道別或迎接前的打掃，都會讓她有種踏實工作的喜悅感，連帶工作後的餐點也都變得好吃起來，這可是花再多錢也買不到的滋味。

Matilda喜歡買下冷門物件，經過巧手打造後，將設備陽春但齊全的屋子租出去。

屋子之所以便宜，大多時候都有其缺點，像是年久失修、屋況極糟，或者是屋子本身有無法避免的缺陷，例如：採光不好又破舊。

Matilda並不排斥有先天缺陷的房子，相反的，她反倒樂意以超低價格收購這些房子，經過DIY整修後，以超低價格租賃出去。

也許有人會問，採光不好的房子會有人想租嗎？其實只要租金夠便宜，因為「租金真的很便宜」這個原因，而租下的房客還真不少，有些時候這類房型甚至比豪華房更搶手，而且一住就是好幾年。

以一般狀況來說，總有一部分人的需求是「租金便宜就好」，如果再加上「整潔」跟「擁有親切的房東」兩項附加價值，這類房型很少有機會空下來。

Matilda給新手房東們的建議：剛開始進入這行業不要做大，不要太過強調豪華，要時時審視房屋成本有多少，有時候基本款但租金便宜的房型，是一腳踏入這行業最棒的敲門磚。

包租婆懶人包

要成為專業房東，首重勇於承接偏離潮流的建物，才能從中挖掘藍海商機。

包租婆懶人包

1 避免一窩鋒

2 不以屋況做評價

地點
建材
價格
環境
鄰居
交通

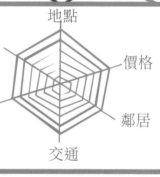

3 自己DIY整修

DIY

4 用便宜租金出租

溫馨
小屋

便宜租金

Part 5

房貸裡的富二代：
荷包滿滿
長期經營篇

　　如果當包租婆的心態只是想要投機賺到錢，那就太可惜了，因為包租婆可以做到的事，不是只有收租金而已，其實可以做好更多事。

專業包租婆的
幸福人生

　　Mirabelle原本只是一名平凡的上班族，每天做著行政方面的工作，下班後就回到租屋裡，利用屋子裡的簡易小廚房煮點東西吃。

　　Mirabelle在大四時承租這間屋子，畢業進入職場工作後，為了省錢，依然住在大學附近的租屋裡，每天通勤50分鐘到台北市工作。

　　為了一份月薪22K的工作，Mirabelle每天六點多就會起床，痛苦按掉鬧鐘後，迅速打理完自己衝出家門，擠上人滿為患的大眾交通工具，開啟一整天聽老闆命令做事的職場工作。

　　Mirabelle原本以為自己會這樣持續過個好幾年，沒想到有天房東突然跑來找她，告訴她，這間房子不能再繼續租給她，因為某些原因，房東必須賣掉房子，盡快飛到美國

去。兩人懇談好幾個小時後，Mirabelle的人生從這一刻開始產生變化。

房東因為某些因素，必須盡快賣掉Mirabelle承租中的房子，因為時間很趕，再加上房東本人個性很怕麻煩，兩人商討後，房東發現Mirabelle有意購買該屋，便協議以市價7折便宜賣給Mirabelle。

房東以當初自己買屋的價格，賣給Mirabelle，中間賺了十幾年的房租，認為已經足夠；Mirabelle也覺得撿到大便宜，火速將各種存款、投資變換成現金，付出頭期款，辦理好過戶，從此終於能住在自己的房子裡。

在買賣過程中，房東表示除了Mirabelle租賃的房子以外，另外還有一間小套房，問她願不願一起購買？如果願意，無疑幫房東省了再找購屋者的麻煩。

同樣的，房東仍以當初購買價格賣給Mirabelle，另外現在住在裡面的房客，已經付完整年的房租費用，房東也會將房子轉交後的房租費用，付給Mirabelle，等於Mirabelle只要一同買下兩間房，就能當上現成的包租婆。

經過一番猶豫後，Mirabelle抱著不安的心情點頭答應，這一刻她還想像不到，這個決定，即將拉開她擁有40幾間房子出租的包租婆生涯第一篇章。

經過十幾年的努力，Mirabelle從硬著頭皮，抱著緊張心情，冒險買下兩間屋子的平凡上班族，現在已經辭掉工作，做個全職的包租婆。

對Mirabelle來說，包租婆並不完全如以前想像，只要買到房子，就可以輕鬆等著每月都有錢入帳。

她發現，全職包租婆其實是個可以好好經營的事業，只要對人、對房子有興趣，這將會是一份很棒的人生事業。

現在，Mirabelle可以享受睡到自然醒的包租婆福利，雖然每天也有很多工作要做，卻能依照自己的工作步調逐一完成，開心且迎刃有餘地做著工作。

有時候她還能和朋友在非假日時間逛街、喝下午茶，完美避開假日人潮，擁有與朋友約會的最佳時光。

接下來，我們一起來看看Mirabelle每天需要做哪些工作吧。（請見下篇「包租婆工作日誌」）

當機會來敲門時，往往會先包裝成一個噩耗，只有冷靜、已經做好準備、有勇氣的人，才能撕開怵目驚心的包裝紙，獲得裡頭閃閃發亮的珍貴禮物。

 # 包租婆工作日誌

　　直到進入包租婆領域，Mirabelle才發現包租婆要做的工作還真不少！

　　尤其她住在大學附近，從房東那裡買來的房子也在這裡，租屋對象幾乎都是學生，幾乎每一年都會換一批學生，當然也有一住4年加研究所2年、總共住6年的例子，不過，平均來說，大多一年多左右就會有所變動。

　　每當房客退租，Mirabelle就會親自前往租屋和房客確認屋子狀況，並且來次徹頭徹尾的大掃除。

　　平常除了退租時的打掃工作之外，Mirabelle也會和房客親切互動，尤其面對必須每月繳交房租的房客，總是會多閒聊幾句，關心一下學弟妹的生活。

因為自己就住在附近，也有房客每月主動拿房租給她，透過房東的身分，Mirabelle時常可以聽到現在大學生流行些什麼、玩些什麼的新鮮資訊。

剛開始的時候，出租房間只有一間，Mirabelle幾乎不需要在「包租婆」這個身分上花太多時間，再加上一間套房收入，也不足以支撐一個月生活費，她依然是個朝九晚五的上班族。

第一次的機會，是前房東給她的，第二次的機會，是Mirabelle憑藉自己的想法，下定決心後努力得來的。

第一次的機會，帶給她一間自住屋和一間出租屋；第二次的機會，帶給她坐擁40多間出租屋的漂亮成績單。

Mirabelle從沒過自己能擁有這麼多間出租屋，剛開始時，她抱著「把租金通通存起來，不曉得總共能獲得多少錢」的心態，把所有房租收入，通通存進另外一個戶頭，經過一年多後，發現裡頭累積快10萬塊收入。

還在支付房貸的Mirabelle，立刻把錢通通拿去還房貸，當她把積存已久的房租收入拿去還房貸時，腦袋突然靈光一閃，錯愕發現自己先前為什麼不把房租收入拿去繳房貸？

　　經過這次領悟，Mirabelle開始計畫把每月房租收入，拿去償還房貸，經過幾年努力，再加上當初房子總價買得很低，Mirabelle很快還清自住屋與出租屋兩邊的房貸。

　　當Mirabelle卸下房貸重擔後，滿腦子計劃著要把往後的房租通通存起來，變成未來的養老基金，只是老天爺其實另有安排⋯⋯

包租婆懶人包

1.每當房客退租，Mirabelle就會親自前往租屋和房客確認屋子狀況，並且來次徹頭徹尾的大掃除。

2.平常除了退租時的打掃工作之外，Mirabelle也會和房客親切互動，尤其面對必須每月繳交房租的房客，總是會多閒聊幾句，關心一下學弟妹的生活，增進自己與房客之間的關係。

3.Mirabelle開始計畫把每月房租收入，拿去償還房貸，經過幾年努力，很快還清自住屋與出租屋兩邊的房貸，接下來便計畫著把房租通通存起來，變成未來的養老基金。

包租婆工作日誌

1. 房客退租時，前往確認認屋子狀況

2. 房客退租時，前往屋子打掃、整理

3. 平時和房客親切互動、閒聊

4. 前往租屋收取房租

5.

邁向專職包租婆
最重要的一步

　　Mirabelle一向都住在大學東半邊，因為這半邊開發了許多新建案，新建案帶來新人潮，新人潮帶來新餐廳，如此循環下來，慢慢的，把許多學生拉到這裡用餐、消費、購物，以及居住。

　　相對的，大學西半邊卻開始沒落，不僅餐廳用餐人數一路下滑，連學生在那裡租屋的意願也變得不高，再加上這半邊的房齡原本就比較陳舊，學生居住意願變得非常低，導致空屋率頗高，房價自然也跟著下滑。

　　在一次偶然的機會下，Mirabelle和以前大學同學約在大學西半邊的餐廳裡用餐，她一面驚訝於中午到附近吃飯的學生變得好少，另一方面看到售屋的廣告，房屋總價是她所能負擔的價格。

和同學聚完餐後，Mirabelle火速奔回家，打開存款簿，一邊計算頭期款成數，一邊考慮每月房貸是否能和房租打平。

　　經過一連串看屋、出價、在心裡默默盤算、議價、買屋、重新來次大整理、大掃除後，Mirabelle終於擁有7間可以出租的房子。

　　這次Mirabelle敢於一口氣買下一層樓，總共有6間可供出租的房子，取決於兩個重要因素：

　　第一，先前有了被房東趕鴨子上架的準房東經驗，所以知道要把房子租出去其實不難。

　　第二，再加上存款裡的存款剛好夠付頭期款，一切巧得就像老天爺刻意的安排。

　　於是，Mirabelle利用屋況很差的理由，以非常低的總價買到該屋，並利用六、日休假時間，大肆整修屋裡狀況。

　　Mirabelle以「基本架構不變」為前提，先將6間可供出租的房子狠狠打掃過一遍，接著開始貼上美麗的壁紙，並適度擺設一下室內空間，讓原本陰暗陳舊的房子，轉身成為舒適乾淨的居住空間。

　　自行整修房子的好處是費用低廉，只要花個材料費，就可以讓陳舊老屋搖身一變，變成舒適美觀的小窩，缺點是要花費較多心力跟時間來處理。

　　在自己動手裝修房子之前，Mirabelle有想過可以請人幫忙處理，但剛買完房子、手頭很緊的她，逼不得已選擇自己動手完成。

　　沒想到從選購材料到實際完成，一切並沒有比她想像還難，相反的，過程還十分有趣。

　　原來Mirabelle把自己的狀況告訴家人，家裡爸爸、媽媽和姐姐都一起過來幫忙整修房子，雖然大家平常都做著跟房子沒有關係的工作，但貼貼壁紙、更換省電燈泡這些事，還不至於能難倒大家。

　　在家人們齊心協力合作下，房子3個月時間就完成整修，剛好趕上5月開始的大學生租屋潮。

　　請家人過來幫忙的那些日子，Mirabelle最愛大家忙完後，由她作東，一起到附近的火鍋店好好飽餐一段。

　　對她而言，能再次和家人共同齊心協力完成工作的感覺，是成為全職包租婆過程中最棒的收穫之一！

 # 讓手中金屋轉動起來

先前誤打誤撞成為半調子包租婆，是前房東拋給Mirabelle的機會球，在培養好自信與經驗後，這次她決定主動出擊，一次購入6間可供出租的房子。

這一步，即將決定Mirabelle往後人生的生活型態。

Mirabelle手中握有剛整理好的6間空房後，接下來要思考的，便是要如何把房子租出去？她的租屋想法：買進表面上看起來毫無可取的房屋物件，自行整修後，以較低價格租出，藉此獲得租金利潤。

在5月學生租屋潮開始時，Mirabelle便釋放消息給正在承租中的同學，請她代為宣傳，如果房子能成功租出去，每間房子會給她500元答謝獎金。

　　與此同時，Mirabelle也把自己正在居住的房子，來一次徹底大掃除，丟掉不要的東西，空出一間房來招租。

　　很幸運的，在6月底前，Mirabelle手中7間可以租賃的房子，都成功租出去，就連和自己同住的這間小套房，也順利租出去。

　　這時候Mirabelle手中已有3間屋子（包括自住），共有8間可以租賃的房子，而且全都成功租出。

　　以平均一個月5,000元的租金計算，每月約有4萬塊租金收入，一年光房租收入就有足足48萬！

　　收入比她天天通勤上班還要好。事情發展到這裡，Mirabelle開始著手屬於自己的專職包租婆計劃。

　　朋友們知道Mirabelle的狀況後，紛紛報以羨慕的態度，但她並不因此開始過起奢侈的生活，相反的，身上還背著房貸的Mirabelle，生活開銷依然只用每月薪水22K生活，房租收入全數拿去償還貸款。

　　Mirabelle靠著一步一腳印的方式，慢慢把手中的房產累積到20幾間可以租賃的房子時，才毅然決然離開職場。當她離開職場時，每月薪水雖然只有25K，但每月房租收入已破10萬，房租年收入更高達上百萬！

當Mirabelle房租年收入突破百萬時，為了將包租婆這項事業做好，她辭掉工作，開始研究更有效的清潔方法、自己動手整修房子的撇步、積極和房客維持好關係、只要有房客找她一定迅速出現……

依靠對這項事業的喜愛，Mirabelle辭掉工作後，手中可租出的房間數，迅速累積到40幾間，年收入衝破200萬大關！

包租婆懶人包

1.這次她決定主動出擊，一次購入6間可供出租的房子。這一步，即將決定Mirabelle往後人生的生活型態。

2.要如何把房子租出去？她的租屋想法：買進表面上看起來毫無可取的房屋物件，自行整修後，以較低價格租出，藉此獲得租金利潤。

3.一年光房租收入就有足足48萬！但她並不因此開始過起奢侈的生活，相反的，Mirabelle依然只用薪水22K生活，房租收入全數拿去償還貸款，靠著一步一腳印的方式，把手中房產累積到20幾間房子。

租學生最好
房東也住附近

租房子給學生，最好房東也剛好住附近，因為有的學生常常會發生鑰匙忘記帶、電燈突然壞掉、紗窗破掉、隔壁同學晚上太吵……各種狀況，如果房東也住在附近，就能輕鬆就近處理這些事。

Mirabelle在購買房子過程中，曾有屋主因為住得太遠，無法來回奔波提供同學需求，不僅引起房客抱怨，房東自己也覺得來回跑就為了換顆燈泡，實在太過浪費時間。

最後決定將房子賣出，以免造成生活中有太多瑣事需要處理，降低生活品質，付出的成本大於實質收益。

因為租屋對象是學生，Mirabelle就住在附近，佔盡了天時地利人和種種優良條件，面對需要處理的事務，常常能輕鬆就近直接處理，除此之外，也比較容易和同學拉近關係。

Mirabelle決定辭掉工作後，抱持著「這即將是我一生事業」的心態，來經營包租婆事業，有時候她甚至會趁收房租時，買飲料請同學喝，順便聊天促進感情。

在瀰漫著「學長學姊照顧直系學弟妹」、「好康互相報給對方知道」的校園中，Mirabelle是優良房東的消息慢慢傳開，不僅同學間互相帶人來租房子，也會把訊息傳給新進的學弟妹們知道。

有時候房客退租時，會直接向Mirabelle要求，不曉得房子能否直接轉租給某位學弟妹？

靠著這些關係，Mirabelle很少有房子租不出去的狀況，相反的，她的房子總是十分搶手。

不過，儘管如此，Mirabelle仍會在每名房客搬走後，進入空屋來次從頭到腳的徹底大掃除，讓每一位入住的房客，都能享受到乾淨又舒適的空間。

靠著這層努力，Mirabelle自然與其他鮮少打掃屋子的房東區隔開來，也再次為自己打開「提供優質租屋」的美名。

自從Mirabelle辭去工作，全心全意投入包租婆事業後，學生換屋率變得很低，有時候一間房子3或4年才需要

來一次大整理，省掉她不少清掃時間，也讓房租收入變得更加穩定！

在這之中，Mirabelle賺到的不只是每月的房租進帳，還有更珍貴「優良房東」的好名聲。

包租婆懶人包

1. 如果房東也住在附近，就能輕鬆就近處理房客們發生的各種狀況，否則為了修理一顆燈泡，大老遠開半小時車到租屋，似乎太不符合經濟效應。

2. Mirabelle就住在附近，面對需要處理的事務，常常能輕鬆就近直接處理，除此之外，也比較容易和同學拉近關係。

3. 房客搬走後，Mirabelle都會來次徹底大掃除，讓每一位入住的房客，都能享受到乾淨又舒適的空間。

4. 「優良房東」的好名聲，可以帶來源源不絕的房客。

# 當包租婆，要專心

　　經過長時間擔任包租婆角色，Mirabelle發現，如果當包租婆的心態只是想要投機賺到錢，那就太可惜了，因為包租婆可以做到的事，不是只有收租金而已，她其實可以做好更多事。

　　手中有許多租屋可以出租的Mirabelle，雖然只是一個人，卻常常需要面對幾十位承租的學生。

　　在這幾十位學生裡，每個人經濟狀況不同、繳費習慣也不同，甚至學生們的國籍也不同，近幾年還出現了「房客聯合國」，來自邦交國、內地、澳門、香港、日本……各地的學生們快速成長，Mirabelle也算間接接觸到不少文化，從中瞭解到最新國際脈動。

　　孔子說：「要因材施教。」Mirabelle發現，接受房客們繳交的房租費用，其實也有異曲同工之妙。

　　例如：有的學生是和家長一起來看房，如果覺得房子不錯，家長會代為處理合約，房租會一次繳清。

　　等於敲定這筆合約後，再次碰面不是續約，就是學生搬出租屋那天；如果期間沒有發生燈泡壞掉、房客鑰匙忘記帶……這些意外，半年房租就能輕鬆賺到手。

　　Mirabelle所要付出的時間跟勞力，只有最初的簽約、看房，以及最後的打掃工作。

　　有些房東甚至沒有最後的打掃工作，不過，Mirabelle建議，想要好好經營包租婆事業，最後的打掃工作是有必要的，不僅可以幫助後來的出租更順利，也能為自己贏得「房子都整理得很好」的好名聲。

　　除了一次繳清整學期房租的學生，Mirabelle也遇過學生自己來看房，只能每月繳交房租的學生。

　　這類學生很多是靠自己打工賺取生活費跟房租，平均每月會碰到一次面，如果時間允許，Mirabelle還會跟房客閒聊幾句，關心彼此的生活，或者分享自己最近著迷的東西。

　　為了統一管理這些房客交房租的時間，Mirabelle會規定每月6號或11號繳交房租，也就是房客領到薪水的隔一天。

在租屋過程中，Mirabelle也曾碰過繳不出或是拖繳房租的房客，對許多房東來說，這是非常棘手的一件事。

這段過程放到電視劇裡頭去演，最常演出的橋段就是房東打電話給房客，接著開始破口大罵，質問房客到底什麼時候才能交房租？

但Mirabelle處理的方式跟電視劇很不一樣。

Mirabelle面對的房客大多是學生，遇到房租繳交不出的情形，她採取的應對策略是「先瞭解」。

通常Mirabelle會主動去按門鈴瞭解狀況，必要的時候，會把學生推薦給附近熟識的商家，學生有份工作可以做，自然就有錢繳交房租。

再加上Mirabelle也是這所大學畢業的，知道學校內部有許多補助案，如果有需要，也會將有哪些資源可以申請的消息，轉告學生。

在許多學生心目中，Mirabelle不只是他們的房東，更是求學生涯中一位曾經協助過自己的貴人。直到現在為止，畢業多年的學生偶爾還會打電話給Mirabelle，彼此關心閒聊一番。

要「成為」一名包租婆或包租公，有時候並不是一件困難的事；但要「做好」一名包租婆或包租公，則必須和學生搏感情、相互體諒。

Mirabelle發現，當自己拋開投機心態，把「包租婆」當成一份事業，甚至是志業來做，雖然要花費更多心力去做，但這些付出，最後還是回饋到自己身上來。

現在Mirabelle不只是一名荷包滿滿的包租婆，更是一名每天都笑呵呵、快樂滿足的包租婆！

包租婆懶人包

1.利用屋況很差的理由，以非常低的總價買到該屋，以「基本架構不變」為前提，將房子打掃過一遍，讓原本陰暗陳舊的房子，成為舒適乾淨的居住空間。

2.自行整修房子的好處是費用低廉，就可以讓陳舊老屋搖身一變，變成舒適美觀的小窩，缺點是要花費較多心力跟時間來處理。

# 裝潢要不要？

　　Mirabelle剛踏入包租婆這個行業，最常問自己的問題就是：「買來的房子到底要不要裝潢？」、「如果要裝潢必須到什麼程度才夠？」、「如果不要，陽春簡陋的房子租得出去嗎」？

　　直到現在為止，Mirabelle仍舊常常自問很多問題，不過，問題已經轉變為：「這間房子，我想帶給房客什麼樣的生活質感」、「這間房子雖然陽春，但設備齊全，該有的都有，租金多少會比較合理」、「只要花點巧思，不需要花太多費用，尋常房間也會有自己的風格」？

　　不曉得大家是否看出，Mirabelle以前跟現在的差別？

　　以前，Mirabelle只考慮房子能不能租得出去？現在，Mirabelle已經在考慮房子應該租給誰？有沒有可能「超值租屋」，營造出每一位來租房的房客，都能產生「花了一點

的錢，租到超值的房型，真是太划算了」的驚嘆聲。

正式踏入這行前，Mirabelle常常接收到「裝潢需要花大錢」的訊息，甚至有投機客先便宜買房，大肆整修一番後，轉手賣給想要輕鬆成為包租婆、包租公的人。

在大量看屋期間，Mirabelle雖然很喜歡飯店房間式的屋子，但房屋總價高得快要沒有利潤，出價時，屋主會提出自己當初買了多少錢，砸了一百多萬整修後，至少要賣她多少錢等等。

Mirabelle乍聽之下覺得很有道理，甚至反過頭看看自己的出價似乎有些離譜，雖然很心動，很想買，但礙於頭期款不足，最終沒能把房子買下來。當時她覺得很可惜，後來卻為沒買到房暗自慶幸著。

Mirabelle為什麼慶幸自己當初沒買那間房？我們接著往下看。經過時間推移，有天牛頓被蘋果砸中的奇蹟，降臨在Mirabelle身上，她發現如果當初買了那些裝潢好的房子，現在肯定生活在水深火熱之中。

Mirabelle仔細算了一下，如果當初買下那間房子，屋主轉手賺了一筆，而她卻得扛下屋主留下的爛攤子，光是每月要繳交的房貸數字，就是一個令人頭痛的大問題。

首先，如果希望「每月房租金額」跟「每月房貸金額」打平，平均一間房要租到一萬元左右。

每月租金一萬的房租，不是大部分學生能夠負擔的金額；負擔不起，就不會有人來租，空屋放在那，房貸依然要每月每月地繳。

如果買下那間房，Mirabelle不僅無法成為賺錢的包租婆，還會淪為房奴。

直到現在，她每回經過那間屋子，還能看見原屋主努力招租，卻很難招租到房客的模樣。

沒有經過縝密思考，缺乏評估能力，只想從中獲取暴利，就大肆裝潢買來的房子，以為只要將房子包裝得美輪美奐，就一定能把房子租出去，這樣的想法並不恰當。

有了這個前車之鑒，Mirabelle後來買房出租之前，最常做的裝潢就是：不花大錢的裝潢。

至於什麼是「不花大錢的裝潢」？請見下篇「誰說裝潢一定要花大錢」。

誰說裝潢
一定要花大錢？

Mirabelle「不花大錢的裝潢術」，經過統整、淬煉、再次整理過後，爬梳出最精要的三大招，一一陳述如下：

「不花大錢裝潢術」第一招：將不花錢昇華到極致的「煥然一新零花費」。

對Mirabelle來說，世界上最棒的房屋裝潢，不是打掉舊的重練，也不是拼命買液晶螢幕，而是確實做好「清潔工作」！

什麼樣的房子，會讓人第一眼就覺得很舒適？擺上液晶螢幕、裝設新款冷氣機，還是房子小巧可愛、一塵不染？

一般租屋人的心態，通常不是房子要有多豪華新潮，而是自己住進來後，會不會住得舒服？

「會不會住得舒服」這件事，牽扯出兩件事情：第一件事，「房子乾淨舒適度」比「設備是否先進」來得更重要。

　　第二件事，這麼多的嶄新設備是要花錢買的，這些錢應該不是房東抱著布施心情買來擺上，所有設備成本都會加進租金裡，租金一貴，房客還能住得舒服歡心嗎？

　　Mirabelle常說：「屋子最棒的裝潢，就是整齊乾淨！」更棒的是，整齊乾淨往往不需要花什麼錢，只要花點心思打掃，就能營造舒適乾爽的空間效果，相當值得投資。

　　Mirabelle分享重要的打掃重點：室內牆面、地板、廁所磁磚與洗手台，這幾個地方要維持乾淨，盡量不要有黃垢或污垢，地板也不要有灰塵，窗邊上的窗簾布也要清爽亮眼，千萬不要掛著從亮黃色變成土黃色的窗簾。

　　「不花大錢裝潢術」第二招：花少錢卻換來耳目一新「擺設小物立大功」。
　　空間氛圍的營造重點，往往不在電器產品有多新，而是動人的小細節有多迷人。

　　Mirabelle某些房子會特定設定為「只租給女生」，整理這類房子時，她就會特意掛上一幅溫馨小畫、一個從自家拿出來的小擺設、一個朋友贈送的綠色小盆栽，甚至有時候會讓愛畫畫的朋友，到屋內牆面畫上一棵樹、一些小

花，或是充滿時尚風格的吊燈。除此之外，很喜歡買書的
Mirabelle，也會把家裡放不下的書，分配擺到不同租屋的
公共空間裡，營造出有淡淡書香的屋子。

另外，Mirabelle也會製作小型留言版，讓房客們有個
可以互相溝通或是和她溝通的管道，通常她也會透過留言
板，請同學晚上12點過後轉小自己說話的音量，或是替為
了考試忙得焦頭爛額的房客加油打氣。

有時候聖誕節或中秋節到了，Mirabelle也會局部佈置
一下租屋，也許在大門門板掛上槲寄生、留言板處放上嫦娥
奔月的趣味圖、在留言板上寫下要房客烤肉時小心炭火的小
叮嚀。

對Mirabelle來說，房東不是一份只管收錢的工作，它
還包含更多人與人之間的關心、情感交流、互助合作的溫馨
互動。這一點，是她所料未及的最大收穫。

「不花大錢裝潢術」第三招：工錢自己賺、荷包省很大
「自己動手DIY」。
Mirabelle常笑說，自從做了包租婆後，她也一併成為
油漆工、室內設計師、清潔工。

每當她買下一間新屋，或是有房客搬走，除了打掃之
外，她總是想著「如何讓自己的屋子更有價值」。

粉刷牆面，常常能帶給人意外的驚喜，原本暗沉的房屋，只需要刷上一層亮眼油漆，馬上脫胎換骨為閃亮佳人。

粉刷房子就像替人上妝，往往一粉刷完，房子本身的質感就會往上提升兩格，這時候只需要再把房子的小缺點一一改進，就算衝不到滿分，至少也會有一個及格分數。

例如：把壞掉的燈泡修好、將水龍頭的鐵製手把刷亮、擦亮燈管、清洗窗簾……等等，都能達到出乎意料的好效果。

包租婆懶人包

「不花大錢的裝潢術」精要三大招：

第一招：將不花錢昇華到極致的「煥然一新零花費」。

第二招：花少錢卻換來耳目一新「擺設小物立大功」。

第三招：工錢自己賺荷包省很大「自己動手DIY」。

 # 房子是消耗品

我們買車子，用過後會折舊，而且折舊速度之快令人噴舌；房子折舊速度較慢，有時候運氣好，還能靠著房價上揚小賺一筆。

不過，我們千萬別忘了，房子也是物品，經過使用也會有所耗損。

房子，不是永久不壞的金剛之身，它只是一件生活中最大的消耗品。

Mirabelle剛開始當包租婆時，會很心疼房子被房客住過後，屋況會每況愈下，還曾經因此對房客產生諸多不滿，甚至要求房客賠償，搞得兩邊都不是很高興。

某一年年前大掃除，她平心靜氣打掃家裡時，發現平常愛護使用的空間，居然也藏污納垢、許多地方等待修補，

才猛然驚覺到「其實房子也是消耗品」這件事。從此，Mirabelle不再心疼房子的耗損，反而把它視為尋常事。

將注意力轉向「如何維持屋況」、「如何保養居住空間」，透過這些學習，她開始發現自己慢慢朝「專業房東」這條路前進。

在正式踏進這個行業或剛踏進來前幾年，Mirabelle的觀念是「房子是我的生財工具，房客可以住，但不能破壞」。

她的想法沒有錯，但問題是，什麼才是房子被破壞？什麼又屬於天然耗損？房客不打掃累積出來的灰塵，算是破壞，還是單純房客懶得打掃？

剛成為包租婆前幾年，Mirabelle很容易因為房子耗損問題悶悶不樂，但自從觀念一轉，把房子視為耗損品後，她變得很能理解屋子感覺變糟的必然性，並且轉念，以「讓房子恢復原狀、甚至更好」做為自己的使命。

包租婆懶人包

房子也是物品，經過使用也會有所耗損。

房東是門需要
花「心思」經營的行業

　　成為房東，雖然沒有想像中困難，但其實也沒有想像中簡單。

　　很多人誤以為只要買間房子，稍微裝潢一下，就可以把房子推向市場，從房客手中賺到每月的房租費用；另外還有些人乾脆以一個月房租費用為代價，直接把房子交給房仲業打理，不管跟租屋相關的任何雜事。

　　幾十年前，曾有長輩靠收租金過生活，那時候她每月最重要的工作，就是到房客那收房租，接下來的所有時間都屬於她的生活，不需要把時間分配到工作上，過得很是愜意。

　　不過，如果想要成為「專業房東」，不花點心思打理跟經營，其實很容易被租屋市場淘汰。

「專業房東」首先要考量的一點：

我的房子要租給誰？商業社區內的上班族，還是大學附近的大學生，或者是一般小家庭？

地點，決定誰會來跟我們租房子。

幾年前，朋友國智在某大學附近買了一間房，想要試試這裡的租屋水溫，從購屋到隔間裝潢、到最後出租，全都由自己一手包辦，經歷過這些事後，國智發現來看屋的租屋對象，小家庭居然比學生多？

原本小家庭居然比學生多也沒關係，反正租屋原則是：來一百組客人，只要有一組願意承租，房子就可以租出去。

這點跟銷售產品很不同，不是越多人買才能衝出銷售量，而是有一組客人願意承租，房子就算租出去。

可是國智手邊有個棘手的大問題，當初他設定來租屋的對象是學生，便將屋內隔間裝潢成適合學生的模式，而這套模式並不適合小家庭。

現在國智面臨的問題：把房子裝潢成適合學生居住的屋子後，來看屋的小家庭居然比學生多，為什麼會出現這個問題？

經過一番檢討，國智發現學生租屋大多喜歡選擇學校周圍，最好是上課快遲到時，能在十分鐘之內衝進教室安全上壘為佳，再加上女同學選擇租屋時，會以「不需要騎車、走路就可以到」為首要目標。

國智弄清楚學生們的需求後，再回過頭評估購買的房子，驚覺從學校到房子之間步行需要15分鐘，如果是男同學，可能跨上機車催一下油門就會到，但女同學很難把這類房型列入考慮。

後來國智還是成功把房子租給學生，不過，他祭出的策略是將房租壓低一點，最後順利租給3、4位男學生。

包租婆懶人包

1. 每月最重要的工作：向房客收房租，接下來的所有時間都屬於她的生活，不需要把時間分配到工作上，過得很是愜意。

2. 「專業房東」首先要考量：我的房子要租給誰？商業社區內的上班族，還是大學附近的大學生，或者是一般小家庭？

3. 地點，決定誰會來跟我們租房子！

# 想成為房東的本質，
到底是什麼？

　　很多時候人類工作的目的，不外乎是為了一份薪水、名、利、更高的職務、更多的權利、更多的尊敬……等等。想要成為包租婆或包租公也不例外，是否能獲得想要的報酬，似乎是從事這項工作最重要的環節之一。

　　不過，我們甘心讓這份事業，單單僅只於此而已嗎？很多時候，有些事的發展往往能超出我們原先對它的期待。

　　一心一意追求財富，往往只能得到財富。
　　一心一意追求幸福，往往不只得到幸福，還能獲得附贈產品：報酬。

　　現在讓我們一起來玩個簡單而且非常有趣的實驗，請先閉上眼睛兩秒鐘，當我們把眼睛睜開時，請環顧室內一周，並且把看到的紅色物品一一記下。

　　好了嗎？已經把所有紅色物品都一一檢視過了嗎？是否有點訝異原來身邊有這麼多紅色物品，我們平常似乎都把它們給忽略了。

　　現在，把腦海中的紅色物品拋掉，請開始回想室內有哪些東西是藍色的？

　　如果能回答超過5種以上的物品，就算是非常厲害。

　　最後，請把目光焦點橫掃室內一圈，觀察有哪些物品是藍色的？是不是發現原來家裡有好多藍色的物品，雖然天天接觸，卻被我們不小心忽略了。

　　當我們把視線放在紅色物品上時，就會自然而然忽略掉藍色物品；反之亦然。

　　我們把實驗套用在從事包租婆這項工作上，紅色物品就是租屋利潤，藍色物品就是「人跟人之間的幸福連結」。

　　一個人們樂於口耳相傳的好房東，是很難有閒置無用空房的。把焦點集中在利潤上，會獲得這份利潤，但通常很難超出這份利潤範圍。

　　把焦點集中在關係上，能獲得友善關係，且通常關係能帶來更多超乎預期的利潤。

房東的本質

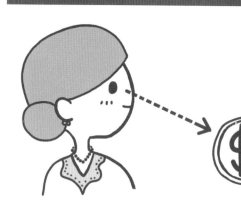

只有得到

你們最近過的好嗎？
打工順不順利呀？
不要翹課，要好好學習喔！

幸福

得到更多

+

有乖乖上課！

阿姨好！

謝謝房東幫我
介紹工作！

嗨！

對我們的生活而言，
房子到底是什麼？

　　人的一生當中，會購買成千上萬件的物品，擁有很多的消費行為，對一般人來說，最大的開支很可能就是買房。

　　拿錢購買每日午餐，這是消費，不吃飯怎麼工作？

　　刷卡買吃不完、但買兩個比較便宜的蛋糕，這是浪費。以上兩者都屬於「消費財」。

　　所謂的「消費財」，就是買了就要用的物品，包括：每日的吃吃喝喝、生活用品等等。這些花錢買這些食品、物品，大多屬於消費財，但花錢買房子，這筆錢不僅僅是「消費財」，還可能是「資本財」，甚至是「投資財」。

　　新聞常問：「一個人的身家有多少？」其實就是在計算這個人的資產有多少？

　　很多人回答這問題時，只要把兩樣東西加總起來，大致上就算計算完畢，一是銀行存款，二是名下房地產。

房子，是項功能很多的商品。

花錢購買下房子後，可以把它歸類為單純自己住的「消費財」，也可以放在「資本財」，靠它賺取房租租金，或是期待它能漲價，讓自己在睡眠中都能賺錢，最後還可以是「投資財」。

所謂的「投資財」，舉凡買賣股票、期貨、黃金、外幣……都屬於這一類，

不過，如果把房子看成是投資財時，必須先瞭解房子和這些投資項目有什麼區別，才能幫助我們決策到底要選擇什麼項目來投資。

房子和其他投資項目的不同之處：

不完全公開市場。
相對於有財經報表可以一窺究竟的投資項目，購買房地產的許多資訊較不公開透明，屬於不完全競爭市場。

商品價值落差大。
商品彼此差異性不小，有的物件一坪上百萬起跳，有的一坪十幾萬塊，甚至不滿十萬的物件也有，取決於當地地點、有無完善的交通設備，以及有沒有未來性。

買股票可能會變壁紙，買別墅也可能變廢墟，必須先做好事前評估，才不至於蒙受巨大損失。

不俱備移動性與藏匿性。

在戰亂時代，敵軍浩浩蕩蕩入城，居民可以帶著鈔票、黃金到處逃，但房子不行，別說要帶著房子逃命，連把它藏起來都辦不到。

把目光拉回現代，買下房子那一刻很多事情就已被註定，例如：這裡會不會常停水、下大雨會不會淹水、將來會不會逐漸沒落……等等。

房子買在哪裡，人就住在哪裡，該處環境的興衰好壞，跟生活絕對息息相關。萬一人住進去，才覺得此處並非優良的安身之地，整個浩大的買房、賣房、裝潢、搬家過程，所有繁重程序又得重來一次，相當勞累傷財。

進場購買人數相對而言較少。

有些朋友天天上網流覽股票基金市場，每星期積極調整部位，同樣一批人，把商品換成房子試試看，這絕對不是一般人能負荷得了。

比起股票市場頻繁的進進出出，房市市場的買賣人數與次數，的確是比較少的，除了金額龐大之外，房子畢竟和股票不一樣，股票是純投資商品，房子不僅僅只是投資商品，它最主要功能還是人可以使用、可以居住。

進入市場門檻較高。

不管是動用到的資金數目，或是整個買賣流程，都俱備較高門檻。

三合一商品。

這點先前提過，房子俱備三重身份，是消費財的同時，也是資本財和投資財。

購買房子前，如果可以先分辨所購買的房子，對自己而言，到底屬於哪一類財，將會對該出手購買哪一間房子有不小的幫助。

如果是單純自己住的「消費財」，只要附近生活機能能滿足平日生活需要，其餘條件可以放寬考慮。

如果希望房子能俱備抗通膨效用的「資本財」，就必須把地點、交通等等因素列入考慮，雖沒對房子的升值空間抱持太大期望，但至少不要跌價。

　　另外，房子座落的社區管理品質也要多加留意，如果社區管理欠佳、資金較為不充足，或是同社區裡出現過多不繳交管理費的情況，都可能導致房子價值較低的窘況。

　　如果把房子視為「投資財」，所要考慮的方向就會以「這附近人口是否夠多」、「將來這裡是人口外移城市還是移入城市」、「該地區發展性高與低」做為主要考量要點。

　　想要購買房子前，如果能先確定即將購買的房子屬性，再針對該屬性尋找適當的房型，將會讓購屋過程變得比較容易，也比較輕鬆，看了一堆房卻不知該如何選擇的情況，也會較少發生。

　　買房，對很多人而言，是一輩子也許只會發生一次的大事。棘手的是，正因為它只會發生一次，所以很多事前功課做得較少，再加上經驗有限，往往無法購得最理想的房型。

　　面對這件人生大事，尤其很可能一生只買這一次的房子，建議如果能靜下心來，多一分瞭解，將來生活必定能多一分保障。

　　最後，祝福每一位讀者，都能買到自己心目中最理想的房子，並在裡頭過著開心舒適的生活。

多做少說賺到第一個100萬

定價NT150元

*最高規格的製作

本書運用全彩圖解的高規格製作，用通俗化的語言、豐富的圖表，包含「勇者無懼的0.5秒奇蹟」、「林書豪的可愛西裝照」、「書呆子加油方式」等繪圖，力圖讓讀者輕鬆認識林書豪，並且讓他的成功故事可以激勵更多正在努力的人。

*林書豪旋風大公開

本書堪稱為最完整的林書豪成功學，從林書豪的崛起、心路歷程、堅持夢想、謙虛待人等方面，作者都有精彩且詳盡的解析。

*本書作者版稅全數捐出

林書豪不為名利而賺錢，因此作者也決定此書的版稅將全數捐獻給「財團法人基督教愛網全人關懷社會福利慈善事業基金會」。

Encourage

在家工作賺到100萬
定價NT280元

如何把創意和趣味變成賺錢工具？

如何在小眾市場做出大餅？

如何在不景氣中找到自己的獲利模式？

*圖文解析、輕鬆易懂

　　全書圖文活潑有趣，描繪觀點幽默詼諧，讓讀者在爆笑之餘，除了對「在家工作」的嚮往之外，能更進一步了解看似自由無束縛的自由工作者的真實生活面，並非只是享受自由，更要懂得規劃自己，才能過得自在好生活。

*在家工作，立即賺

　　作者對每個在家工作有超完整解析，從該行業的入門門檻、市場行情、接案技巧、進階發展，到經驗分享，讓您完整掌握各行業兼差賺大錢的獨門心法！

Enrich

財經雲 24

出 版 者／雲國際出版社
作　　者／典馥眉
繪　　者／金城妹子
總 編 輯／張朝雄
封面設計／艾葳
排版美編／YangChwen
出版年度／2015年3月

簡單48招，
買到夢想家

郵撥帳號／50017206 采舍國際有限公司
（郵撥購買，請另付一成郵資）
台灣出版中心
地址／新北市中和區中山路2段366巷10號10樓
北京出版中心
地址／北京市大興區棗園北首邑上城40號樓2單
　　　元709室
電話／（02）2248-7896
傳真／（02）2248-7758

全球華文市場總代理／采舍國際
地址／新北市中和區中山路2段366巷10號3樓
電話／（02）8245-8786
傳真／（02）8245-8718

全系列書系特約展示／新絲路網路書店
地址／新北市中和區中山路2段366巷10號10樓
電話／（02）8245-9896
網址／www.silkbook.com

簡單48招，買到夢想家/典馥眉著.　　ISBN 978-986-271-580-2 (平裝)
初版. -- 新北市：雲國際，2015.03　　1.不動產業 2.投資
面；　公分　　　　　　　　　　　　554.89　　　　　103027835